Daniel Leitner

WENN GEDANKEN WORTE WÄREN

Bahnhofstraße 87
4614 Marchtrenk
leitner_92@yahoo.de

Umschlaggestaltung/Illustration:

Ronny Dohmen

Korrekturleser:

Vanessa Rebul

Julia Scheuchenegger

Verena Schmidleithner

Sarah Di Fabio

ISBN:

Deutsche Erstausgabe

KAPITELÜBERSICHT

EINLEITUNG

„Wen könnte das interessieren?“ las ich vor einiger Zeit in einer Rezension über mein Buch "Loveland – Von Liebe, Sex und der Kunst, man selbst zu sein". Ich vermute mal, dass es dich interessiert! Ansonsten hättest du wohl nicht zu diesem Buch gegriffen. Warum ich meine Einleitung gleich mal mit einem negativen Kommentar eröffne? Nun, weil ich der Meinung bin, dass man in allem etwas Positives finden kann.

Dem einen oder anderen mag es verfrüht erscheinen, dass ich mit meinen 29 Jahren schon das zweite Buch veröffentliche, in dem ich über das Leben, meine Ansichten, Erfahrungen und Denkweisen schreibe. Aber wer bestimmt, ab wann man alt genug dafür ist, seine Geschichte zu erzählen? Ich für meinen Teil glaube nicht, dass es etwas mit dem Alter oder der Summe an Erfahrungen zu tun hat. Salopp gesagt, tue ich es, weil ich Bock draufhabe. Mag ich auch noch so ein kleines Lichtlein sein, das weder als bekannter Schauspieler, Sänger oder Self-Made-Star ständig in den Medien ist – so habe ich mich trotzdem dafür entschieden, meine Worte mit der Welt zu teilen. Warum? Die Menschheit hat zwar nicht danach gefragt, aber ich habe es mir trotzdem als Ziel gesetzt, dieses Werk zu erschaffen. *(Mehr zum Thema Ziele findest du in einem der folgenden Kapitel.)*

Dieses Buch ist kein Ratgeber! Es ist nicht meine Intention dir zu sagen, was du tun sollst. Es ist auch keine Autobiografie im herkömmlichen Sinne. In diesem Werk findest du Denkansätze, die du ganz objektiv verstehen kannst. Ob du es liest, weil wir vielleicht befreundet sind, du mich besser kennenlernen willst, dich einfach nur von meinen teils humoristischen Anekdoten bespaßen lassen möchtest, dir Inspiration und Ideen holst oder das Cover so schön aussieht – ganz egal. Danke, dass du dich für mein Buch entschieden hast.

Ist es okay, wenn ich dich duze? Gut! Servus und herzlich Willkommen in meinem Kopf. Mein Name ist Daniel und ich werde dich durch die folgenden Seiten begleiten. Was dich erwartet? Nun, kurz gesagt, ein Einblick in meine Gedankenwelt, meine Überzeugungen, meine Vergangenheit und Dinge, die ich gelernt habe. Wird sich daran noch einiges ändern? Mit Sicherheit. Ist es deshalb frech, mir zu erlauben, ein Buch zu veröffentlichen, in dem ich frei Schnauze über alles schreibe was mich bewegt und erregt? Ich denke nicht.

Schön, dass du da bist und mit mir die vielen Seiten teilst. Ich wünsche dir lustige, inspirierende und schöne Lesestunden.

Dein Autor
Daniel Leitner

DAS UNIVERSUM UND ICH

Schicksale, Spirituelles und Chlamydien

Oder warum habe ich vorausgesehen, dass ich Chlamydien haben könnte? Nein, Spaß beiseite. Vor gar nicht allzu langer Zeit saß ich eines vormittags im Garten und habe mich voll und ganz meinen gedanklichen Ausschweifungen hingegeben. Dabei kam Folgendes heraus: *„Wer bin ich? Da war ich fast neun Jahre in einer Beziehung. Der Daniel mit 20 war ein ganz anderer als die Version meiner Selbst in dieser langen Partnerschaft. Wer ist jetzt der 29-jährige Herr Leitner? Bevor ich meinen langjährigen Freund kennengelernt habe, war ich nicht gerade ein Kind von Traurigkeit. Eigentlich sehr spannend, dass ich mir trotz der sehr wilden Phase mit 18, nie irgendwelche sexuell übertragbare Krankheiten einfing. Zum Beispiel: Chlamydien oder so etwas.“* Stunden später saß ich mit meiner Tante bei Kaffee und Pläuschchen, als plötzlich mein Handy vibrierte. Etwas irritiert nahm ich den Anruf an und erfuhr, dass jener One-Night-Kiss sich mit Chlamydien angesteckt hatte. *(Zu diesem Zeitpunkt war ich Single)* Dieser Kerl war eine äußerst unüberlegte Spontanaktion gewesen. Wir hatten gequatscht, ein Glas Wein genossen und irgendwann hatte ich seinen Mund auf meinem gespürt.

Wochen später … dieser Anruf! Bin ich etwa ein Hellseher? Kann ich Dinge im Vorhinein kommen sehen? Spüre ich, wenn etwas ganz Bestimmtes geschieht? Glaube ich an Zufälle? Oder an einen sechsten Sinn? Ich würde mich nicht als sehr abergläubischen Menschen bezeichnen. Ja, ich denke, dass ich manchmal sehr empathisch bin, aber glaube ich an Vorhersehungen? Na gut, es fällt mir nicht schwer mich mit anderen Menschen zu verbinden. Am stärksten kommt diese Eigenschaft in Theaterproben oder Workshops zum Einsatz. An diesen magischen Orten hatte ich sehr spannende, emotionale und wunderschöne Momente mit meinen Kolleginnen und Kollegen erlebt. Nicht selten war es vorgekommen, dass ich das Gefühl hatte, mich mit einer Schauspielerin während ihrer Szene dermaßen intensiv verknüpfen zu können, dass wir exakt dasselbe empfinden konnten. Klingt komisch? War aber so.

Erst kürzlich hatte ich einen Schauspieleinzelkurs mit einem meiner Schüler. Die Trennung von seiner Freundin lag bereits zwei Jahre zurück, aber verarbeitet hatte er dieses einschneidende Erlebnis bisher nicht gänzlich. Ich fragte ihn, ob er sich dessen bewusst sei, dass das Eintauchen in die Rolle seines Monologs sehr intensiv werden könnte. Nachdem er die Chance aber nutzen wollte, um auch herauszufinden, was sich da tief in seinem Inneren noch verbarg, willigte er ein. Ich durfte all meine Methoden anwenden, um zum Ergebnis zu kommen. Seit ich ihn kenne, habe ich das Gefühl, dass er sehr viel mehr aus sich herausholen könnte. Meine Intuition sagte mir, dass er sich aber selbst im Wege stand. Aus diesem Grund versuchte ich seine Mauer zumindest ein bisschen bröckeln zu lassen.

Wir arbeiteten das dritte Mal an dieser Szene und ich bemerkte, dass er auf der Stelle lief. Irgendwo musste da ein Schalter sein. Und dieser ließ sich mit einer ganz einfachen Übung umlegen. Ich nahm einen Styroporkopf, stellte ihn auf den Tisch und bat ihn, sich seine Exfreundin vorzustellen. Er sollte ihr sagen, was er ihr in all den Jahren gerne mitgeteilt hätte, wozu er aber nie den Mut gefunden hatte. Je detaillierter, tiefer und ehrlicher desto besser. Und siehe da! Genauso musste er die Rolle des betrogenen Ehemannes darbieten. Nicht aufgesetzt, nicht gekünstelt, nicht krampfhaft traurig. Zuvor hatte ihm der Zugang gefehlt und ich kann dir nur sagen, ich hatte zum Schluss auch Tränen in den Augen. Seine Darbietung hatte mich im Herzen getroffen und ich war stolz, dass er der seelischen Heilung ein Stück nähergekommen war. Ich fühlte mich regelrecht mit ihm verbunden.

Noch mal zurück zu den Chlamydien. Jener Kerl war außer sich und meinte, dass es eine Katastrophe war. Um ehrlich zu sein, blieb ich relativ entspannt. Ich rief meinen Arzt an, vereinbarte gleich am nächsten Tag einen Termin und begann über diesen sehr interessanten Zufall nachzudenken. War das ein Zeichen des Universums? Wollte es mir mitteilen, dass ich nicht mehr der Daniel von früher war und diese Art nach der Liebe Ausschau zu halten, nicht die richtige für mich ist? Zumal ich ohnehin nichts suche. Nach einer langjährigen Beziehung habe erst einmal **ich** Priorität. Zeit zum Verarbeiten, Wachsen, Reflektieren, Hinterfragen und … Spaß? Will man mir weismachen, dass ich, solange ich nicht gänzlich zu mir selbst gefunden habe, keine Chance auf unverbindlichen Sex habe? So nach dem Motto: *„Ha Ha! Lieber Daniel. Diesen Kuss haben wir zwar nur mit Chlamydien bestraft, aber warte ab! Wer weiß, was beim nächsten Mal geschieht. Bist du wirklich bereit, eine weitere Runde Roulette der Geschlechtskrankheiten zu spielen?"* Ganz ehrlich? Ja, ich fühlte mich in jener Situation mit dem etwas älteren Mann beim Knutschen nicht wohl. Dieses Gefühl, ich würde meinen

Exfreund betrügen, schien noch vorhanden zu sein. Deshalb hatte ich diese Liaison auch rasch und ohne Umwege beendet. Ich weiß, was ich tue, aber warum zum Teufel werde ich sofort dafür bestraft? Mir ist bewusst, dass ich noch Zeit brauche. Schon klar, auch ich verdränge manchmal meine Gefühle. Man hat nicht jeden Tag Lust darauf, sich den Kopf über alles zu zerbrechen. Aber Himmel Herrgott, muss ich jetzt enthaltsam sein?

Der Tag des Abstrichs war gekommen und ich musste eine geschlagene Stunde warten. Aus unerfindlichen Gründen schien mich mein Onkel Doktor übersehen zu haben. Dann hieß es Zähne zusammenbeißen. Abstrich im Mund und … nicht am, sondern im Willi?! Liebe Männer, falls ihr Derartiges noch nie erlebt habt, dann rate ich euch, vorsichtig mit eurer genitalen Gesundheit umzugehen. Ein Wattestäbchen hat nun wirklich nichts in dieser Gegend zu suchen. Autsch!

Das Ergebnis würde ich erst in eineinhalb Wochen erhalten. Na ganz toll, und jetzt? Neun Tage abwarten? Ich wurde sofort wieder ins Jahr 2010 katapultiert, als ich meinen allerersten HIV-Test machen musste. Damals hatte ich erfahren, dass ich mir mit dem Blasmusikorchester-

Fuzzi vielleicht die schlimmste Krankheit überhaupt eingefangen hatte. Zum Glück war ich kerngesund geblieben. Aber die Ungewissheit hatte mich in den Wahnsinn getrieben. Auch wenn ich damals keine stichfesten Beweise dafür hatte, dass dieser Typ, der ebenfalls eine "in der Not frisst der Teufel Fliegen"-Aktion gewesen war, tatsächlich HIV-positiv war. Tatsächlich hatten wir keinen Sex gehabt – es war beim Vorspiel geblieben. Aber wie wir wissen, kann da auch einiges passieren. Und wie ist das mit Chlamydien? Nun, die können bereits beim Küssen übertragen werden. Wobei die Chance relativ gering ist. Wie das Ergebnis ausfiel?

Negativ. Keine Chlamydien – weder im Mund noch Down Under. Vielleicht hatte mir der Typ eins auswischen wollen. Er war beleidigt, da ich unser Tête-à-Tête schneller beendet hatte, als er Chlamydien sagen konnte. Rache ist bekanntlich süß und die Tortur des Wartens erschien ihm als gerechte Strafe für meinen Korb. Ob er die Geschichte mit den Dingern erfunden hat? Ich weiß es nicht und werde es wohl nie erfahren. Und die Moral von der Geschicht …

… ich weiß es nicht. Oder vielleicht, doch? Mama

Universum oder manche nennen sie auch Gott – hat mich zum zweiten Mal in kürzester Zeit daran erinnert, dass ich die Leichtsinnigkeit meiner Jugend nicht wieder aufgreifen sollte. Oh, du kennst die Frottee-Pyjama Story ja noch gar nicht …

ANEKDOTE

Der Frottee-Pyjama

Um etwaigen Gerichtsverhandlungen vorzubeugen, nennen wir diesen Gentleman Ludwig – macht die ganze Geschichte schon einmal lustiger, als sie eigentlich ist. Ludwig kenne ich seit vielen Jahren und er war bis vor geraumer Zeit mit einer Frau verehelicht. Während dieser Zeit gab es diverse Anzeichen, dass er nicht stockhetero war, beziehungsweise stellte er sehr direkte Versuche an, mich zu verführen. Bislang widerstand ich der dreisten Anmache, da auch ich liiert war. Es ist ein Mysterium, dass der Mensch immer das möchte, was er nicht haben kann oder eben nicht verfügbar/greifbar ist. Natürlich wäre es etwas Verbotenes gewesen, wenn man diese Regel gebrochen hätte – was wir vorbildlich niemals taten. Erst als wir beide Singles waren, führte das eine zum anderen und ich darf ganz offen und ehrlich sagen – es war *meh*! In meinen Träumen war es Ekstase, ein Feuerwerk der Lust, eine Achterbahnfahrt der Kopulation, ein Erdbeben der aufgestauten Gefühle, ein Kampf der Erektionen – in der Realität ein netter Abend, der tausendmal heißer in meinem Kopf ausgesehen hatte. Man könnte es anhand folgenden Beispiels erklären: Eine Freundin verrät einem, dass sie das beste Geburtstagsgeschenk der Welt hat. Alle Liebsten hätten zusammengelegt und man würde aus allen Wolken fallen, wenn man es bereits wüsste. Der Freudentag ist da und man bekommt das Päckchen überreicht. Man kriegt schweißnasse Hände, der Puls rast in die Höhe, man entfernt die Schleifchen, zerreißt das Papier und zum Vorschein kommt die *Wunderharke 5000.*

Zurück zur eigentlichen Story. Es sollte ein ganz normaler Abend werden. Wir hatten uns längere Zeit nicht gesehen und wollten locker lässig bei ein paar Bierchen über die derzeitige Lage, unsere Probleme und die Liebe philosophieren. Eine höchst überraschende Tatsache ist jedoch, dass ich kaum Bier trinke und wenn dann mal vier geleerte Flaschen vor mir stehen, ertönt für gewöhnlich das eindeutige Zeichen, besser die Fliege zu machen. In jenem Moment, als er meinte, er würde duschen gehen –

ich könne aber gerne noch fernsehen – saßen ein Engelchen und ein Teufelchen auf meiner Schulter. Die Konversation der beiden klang ungefähr wie folgt:

Teufelchen: Er geht duschen, das heißt, heute Nacht passiert es endlich. Es war nur eine Frage der Zeit, bis deine Fantasien Wirklichkeit werden. Komm schon, mach es dir gemütlich und lass dich gehen.

Engelchen: Oh, nein. An deiner Stelle würde ich jetzt schnell verschwinden. Du hast dich gerade erst von deinem Partner getrennt und du siehst, dass auch er verdammt unsicher ist. Steh auf und geh nach Hause. Das ist die klügere Entscheidung, glaube mir.

Teufelchen: Ach, hör nicht auf den. Komm schon, wie lange hast du diesen Moment herbeigesehnt? Ja, er ist älter als du, aber wir wissen beide, dass für dich das Alter noch nie eine Rolle gespielt hat. Du bist ein sexuelles Wesen *(ich kann dich lachen hören – du weißt genau wer du bist)* und hast du nicht in deinem letzten Buch geschrieben, dass man nicht immer alles zerdenken soll? „*Gebt euch der Macht der Anziehung hin!*" Also, wenn du sowas schon predigst, kannst du deine eigenen Gebote nicht missachten. Los jetzt! Da er kommt zurück. Schnell jetzt! Er hat nur noch einen … Frotteepyjama an?! Abbruch! MAYDAY!!!

Zu spät! Es war dunkel, ich war betrunken und wollte es. Unter normalen Umständen hätte ich vermutlich losgeprustet und seine Nummer gelöscht. Ein vierzigjähriger Mann in einem Frotteepyjama – der liebe Herrgott wollte mir in meiner schwärzesten Stunde ein letztes Warnsignal senden: *„Achtung – Gott an alle Einheiten! Er scheint völlig den Verstand verloren zu haben. Setzt alle Hebel in Bewegung. Wir müssen ihn da rausholen. Schickt Ludwig schnell folgenden Gedanken: In der untersten Lade seines Kleiderschrankes muss irgendwo noch dieser fürchterliche Pyjama aus Frottee liegen, den er von seiner Großmutter zu seinem achtzehnten Geburtstag geschenkt bekommen hat. Überzeugt ihn, dass er genau den jetzt anziehen will. Wenn das nichts bringt, dann kann ich ihm auch nicht mehr helfen. Um Himmels Willen, er rührt sich nicht? Da steht Ludwig vor ihm und … er geht nicht? Schaltet die Bildschirme ab – ich kann mir das nicht ansehen!“* So oder so ähnlich stelle ich mir vor, wie Gott oder wie auch immer sie heißt, mich aus dieser misslichen Lage befreien wollte. Tja, manchmal müssen wir eben selbst enttäuschende Erfahrungen machen, um daraus zu lernen.

***

Es ist wirklich erstaunlich. Da versuche ich, mich zweimal gehen zu lassen – leichtfüßig zu leben und was passiert? Der eine Typ liegt im Frottee-Pyjama vor mir und sieht mich an wie ein totgefahrenes Kaninchen, der andere infiziert mich mit erfundenen Chlamydien. Was sagt das über mich aus? **Halt, Stopp!** Du Vollidiot hast immer noch gelegentlich Sex mit deinem Ex, also … Moment! Ist es das?

Will mir das Universum mitteilen, dass es meinem Exfreund gegenüber nicht fair ist? Verlangt man von mir ein entweder oder?! Ist beides unmöglich? Wenn ich tatsächlich diese sexuell übertragbare Krankheit gehabt hätte, wäre mein Ex auch dazu gezwungen gewesen, sich testen zu lassen. Aber was, wenn wir uns darauf geeinigt haben, ganz ungezwungen hin und wieder dem Verlangen nachzugeben? Wir kennen einander, wissen was dem anderen gefällt … nur, vergessen wir dabei unsere Gefühle? Der Körper mag in lustvoller Stimmung sein, das Gefühlschaos zahlt es uns im Nachhinein aber heim? Freunde bleiben – ja. Freunde mit dem gewissen Plus –

nein?

Meine Besties schlugen allesamt Alarm, als ich ihnen von unseren feuchtfröhlichen Nostalgie-Techtelmechteln erzählte

- *„Das kannst du ihm nicht antun. Er macht sich mit Sicherheit Hoffnungen."*
- *„Ach, Quatsch! Das sagt er doch nur, damit er dir nahe sein kann."*

- *„Sei doch nicht so egoistisch! Wenn ihr weiterhin was am Laufen habt, könnt ihr nie mit euer Beziehung abschließen!"*

Stimmt – beim letzten Argument muss ich zustimmen. Es wird dadurch nicht einfacher, die vielen Jahre der Liebe auf eine platonische Ebene zu bringen. Und wie man unschwer erkennen kann, deuten alle Zeichen darauf hin, dass das mit uns zwei noch nicht erledigt ist. Warum sonst bin ich noch nicht in der Lage, mich spontan mit jemandem auf einen Kaffee zu treffen?

Auch wenn ich der Meinung bin, dass ich in Sachen "Von Beziehung zur Freundschaft" mit meinem Exfreund bereits vorangeschritten bin, weiß ich, dass ich noch ein paar Schritte gehen muss. Eine Trennung kann man nicht innerhalb weniger Wochen verarbeiten. Alle haben unterschiedliche Tempi. Mein Schauspielkollege, den ich zu Beginn des Kapitels erwähnt habe, hat leider nach zwei Jahren noch damit zu kämpfen, sich von seiner Ex zu lösen. Ob es bei mir länger dauert? Hat mein langjähriger Partner ebenfalls mehrere Monate daran zu knabbern? Er dürfte laut eigener Aussage weder mit dem Herzen, noch mit dem Kopf so weit sein, sich in irgendeiner Weise auf jemand anderen einzulassen – egal in welcher Hinsicht.

Was sagt uns das? Selbst wenn wir reflektiert sind und uns ganz sicher sind, dass wir genau wissen, was wir tun, liefert uns das Universum die ungeschminkte Wahrheit. Da war ich der Meinung: *„Ach, für mich hat es seit einiger Zeit nicht mehr so gut gepasst. Da darf es nach der Trennung ein kleines Abenteuer sein.“* Auch wenn mir unterbewusst klar gewesen ist, dass ich mich in gewisser Weise selbst belogen habe, hat man mir Zeichen geschickt, die ich zu deuten hatte. Je empfänglicher man für diese Art von nonverbaler Kommunikation ist, desto leichter kann man diese Zeichen erkennen. Nach dem Motto: *Wer genau hinsieht, kann sehen!*

Ich bin davon überzeugt, dass wir sehr wohl eine Art sechsten Sinn haben. Zwar dürften viele Menschen verlernt haben, diesen zu nutzen, aber er existiert. Die Mehrzahl unserer Spezies lässt sich zu sehr von Alltäglichem ablenken – bewusst oder unbewusst, gewollt oder nicht. Man hat keine Zeit, sich hinzusetzen und zu reflektieren. Außerdem müsste man sich dadurch mit sich selbst, seinen Fehlern, seinen Unzulänglichkeiten und Unsicherheiten auseinandersetzen. *„Ach, nö. Welche Serie hat mir Thorsten letzte Woche auf Netflix empfohlen?"* Es ist wie es ist. Ich möchte dir trotzdem etwas mit diesem Kapitel auf den Weg geben. Ich bin der Meinung, dass jeder Mensch an irgendetwas glaubt. Sei es an einen Gott, Allah, Buddha – an das Schicksal, Karma oder das Universum. Es schwebt da oben etwas, das uns bewacht, denn an Zufälle glaube ich nicht. Alles passiert aus einem Grund. Wir sind auf dieser Erde, um etwas zu lernen. Aber auch um Spaß zu haben, uns auszuleben, uns mit Menschen zu verbinden, zu lachen, zu weinen oder Fehler zu machen. Letztendlich zählt nur, dass wir leben. Und im hohen Alter nichts zu bereuen oder das Gefühl zu haben, man hätte etwas versäumt.

Das traurigste Leben ist jenes, das nicht gelebt wird.

Deshalb sollten wir uns bewusst dafür entscheiden, alles Mögliche aus diesem relativ kurzen Dasein herauszuholen. Es ist sinnlos sich zu Tode zu arbeiten, nur um sich in der Pension ein schönes Leben machen zu können. Keiner erhält die Garantie, dass es nicht morgen schon zu spät sein könnte. Warum darauf hoffen, dass man im Ruhestand die Zeit haben wird, sich seinen Wünschen und Träumen zu widmen? Ja, anfangs war ich verzweifelt und hinterfragte meine Entscheidung mich selbständig zu machen täglich. War die Zeit reif dazu gewesen? Hätte ich nicht vorher wissen können, dass es manchmal äußerst schwierig sein wird? Wenn ich gewusst hätte, dass ich in den nächsten eineinhalb Jahren nicht auf der Bühne stehen und kein Geld verdienen würde, hätte ich mir sofort einen Job gesucht. Soll ich dir etwas sagen? Natürlich war ich traurig. Da wagte ich den großen Schritt, mich freischaffender Künstler zu nennen, schon stellte sich das gemeine C in den Weg. Bestätigte mir das Universum, dass es dennoch der richtige Zeitpunkt war? Definitiv. Trotz aller Schwierigkeiten, habe ich es bis zum heutigen Tage geschafft, mir mein künstlerisches Leben zu finanzieren.

Der Gedanke daran, dass wir unser Leben zwar selbst in der Hand haben, aber nichts ohne Grund geschieht, beruhigt mich. Wenn Freunde zu mir kommen und sagen: *„Ich versteh nicht, warum du noch nicht entdeckt wurdest?"*, lächle ich entspannt und gebe zurück: *„Tja, es soll wohl nicht sein. Oder noch nicht! Wer weiß, was kommt. Wenn es mir vorherbestimmt gewesen wäre, dann würde ich vermutlich gerade in einem Privatjet sitzen."* Man geht viel gelassener durchs Leben, wenn man darauf vertraut, dass bereits der Weg das Ziel ist. Poetisch? Warum nicht. Vieles liegt in unserer Hand. Wir können jeden Tag aufs Neue entscheiden, wie wir ihn verbringen wollen. Wir wählen selbst, ob wir glücklich sein wollen oder nicht. Jedes Mal, wenn wir aufwachen, treffen wir Entscheidungen. Teilweise gute, hin und wieder schlechte. Solange wir daraus lernen und niemals aus den Augen verlieren, dass es letztendlich nur darum geht zu leben, muss am Ende alles gut werden.

Es geht nicht darum, andere glücklich zu machen oder ihren Erwartungen zu entsprechen. Wir müssen uns nicht von Menschen kritisieren lassen, von denen wir nicht einmal einen Ratschlag annehmen würden. Es dreht sich nicht um die Meinungen anderer, die unseren

Kleidungsstil, unsere Art zu Sprechen oder unsere Entscheidungen blöd finden. Wir sind nicht da, um anderen zu gefallen. Wir leben nicht das Leben der anderen. Deshalb verschwenden wir unsere kostbare Zeit auch nicht damit, uns mit den Angelegenheiten unserer Nachbarn zu belasten. Wir nutzen die Zeit, um ein heißes Bad zu genießen, unsere Liebsten zu besuchen, ein gutes Buch zu lesen, uns zu verlieben, tollen Sex zu haben, die Sonne auf unserer Haut zu spüren, nichts auf morgen zu verschieben, uns Schuhe zu gönnen, auch einmal etwas zu wagen, die Konsequenzen zu akzeptieren, richtig gut und gesund zu essen, zu streiten, zu lachen, zu weinen, zu tanzen, zu lieben, zu hinterfragen, zu glauben, zu hoffen und zu wissen, dass wir vollkommen sind.

Vollkommen für uns selbst. Vollkommen mit all unseren Fehlern, Eigenheiten, Launen und Gefühlen. Unseren Überzeugungen, Ansichten, Meinungen und Erfahrungen. Vollkommen im unendlichen Universum, das uns immer wieder vor neue Herausforderungen stellt. Manchmal sind es Schicksalsschläge, die uns daran erinnern, dass das Leben endlich ist. Oftmals sind es Menschen, die uns zeigen, dass wir nicht alleine sind. Von Zeit zu Zeit sind es Zeichen, die uns verdeutlichen, dass wir achtsam sein müssen. Und manchmal ist es die Liebe, die so vielseitig ist wie kaum etwas anderes. Sich selbst zu lieben ist die größte Hürde von allen. Aber wir wissen, sobald das geschafft ist, fühlen wir uns nicht nur lebendig, sondern können mit offenen Armen durchs Leben gehen und dankbar dafür sein, dass es auch andere Menschen gibt, die im Einklang mit sich selbst sind. Dann kann es passieren, dass das Universum zwei dieser Individuen zusammenkommen lässt. Und was gibt es Schöneres, als zu wissen, dass man alleine glücklich sein und dieses Glück aber mit einem anderen Menschen teilen kann.

Es gibt nur eine Art von wahrer Liebe und diese findet man in einer Partnerschaft. In einer Beziehung geht es darum, dass der eine vom anderen etwas benötigt. Im Wort "Beziehung" steckt das Wort "beziehen". In einer Partnerschaft treffen zwei glückliche Menschen aufeinander, die sich gegenseitig unterstützen und auf gleicher Ebene gemeinsam das Leben bestreiten. Natürlich kann aus einer Beziehung, eine Partnerschaft werden. Vorausgesetzt beide entwickeln sich weiter und hören auf, Bestätigung und Selbstwertgefühl von dem jeweils anderen zu beziehen.

DIE MEINUNGEN ANDERER

Kümmere dich um deinen Scheiß!

Warum ist es uns wichtig, was andere Menschen über uns denken? Weshalb ärgern wir uns über die Erziehung fremder Kinder? Aus welchem Grund meckert die Tante über den nicht gemähten Rasen der Nachbarn? Wieso stecken zwei Freundinnen ihre Köpfe zusammen und tuscheln, weil die Dame an der Bushaltestelle einen ausgefallenen Kleidungsstil hat? Fällt es uns leichter über andere zu urteilen, anstatt uns selbst mal genauer unter die Lupe zu nehmen? Tadeln wir andere, damit wir uns selbst besser fühlen? Frei nach dem Motto: *„Wenn ich mich beschissen fühle, dürfen andere erst recht nicht gut drauf sein? Mein Selbstwertgefühl ist im Keller, also versuche ich das meiner Arbeitskollegen noch tiefer zu kriegen?"* Psychologen hätten mit Sicherheit eine Antwort darauf, aber da ich keiner bin, werde ich hier meine eigenen Thesen aufstellen. Wenn ich Glück habe, gelingt es mir bis zum Ende dieses Kapitels zu einem Fazit zu kommen. Dann kann ich dir eventuell ein paar Tipps geben, wie du deinen Nerven und deiner Gesundheit etwas Gutes tust. Im Idealfall schaffst du es sogar, deinen Blutdruck zu senken und dein Herz zu entlasten. Letztendlich wissen wir alle, was mit unserem Körper passiert, wenn wir uns sinnloserweise über Dinge aufregen, die wir nicht beeinflussen können oder die uns nichts angehen.

Ich beobachte dieses Phänomen manchmal bei älteren Menschen. Was natürlich nicht heißt, dass nur diese Altersgruppe ihre Zeit mit Belanglosem vergeudet. Nicht selten wird bei Kaffeekränzchen darüber diskutiert, wie schrecklich es ist, dass ein gewisser Nachbar einen Apfelbaum neben einen Hollerstrauch pflanzt, wie grotesk sich Frau Funzpichler bei der letzten Sparvereinseinzahlung benommen hat und wie arm der Willi sein muss, wenn er nicht mal seine Bierschulden zahlen kann. Stundenlang wird philosophiert, ob Herr Birmberger nicht länger gelebt hätte, wenn er sich dieser oder jener Behandlung unterzogen hätte. Hitzig zerreißt man sich das Maul über die Frau des Arztes, die ja angeblich nie gearbeitet hat und sich nun fragt, warum sie keine Pension erhält.

Versteh mich nicht falsch! Es ist äußerst wichtig, über niemanden zu urteilen und, wenn dies möglich ist, die Hintergrundgeschichte einer jeweiligen Person zu kennen, bevor man manche Einstellungen und Äußerungen analysiert und/oder hinterfragt. Wer bin ich, mir zu erlauben, einem älteren Herrn zu sagen, dass er sich doch bitte um seinen eigenen Scheiß kümmern soll? Wenn es jemanden erfüllt, sich über die Probleme der Mitmenschen aufzuregen, dann bitte – nur zu. Es scheint ein ganz spezielles Virus zu sein, das sich über Jahre in die Köpfe der Erdbewohner eingenistet und entwickelt hat. Liegt es an den älteren Generationen? Dadurch, dass früher die Bedürfnisse der Kinder auf das Nötigste beschränkt waren? Haben sie womöglich nie gelernt, sich mit sich selbst auseinander zu setzen? Man kannte das Wort *Reflektieren* gar nicht. *Selbstverwirklichung* war ebenfalls ein Fremdwort? Außerdem hatte man zu damaliger Zeit auch bei weitem nicht die Möglichkeiten, sich so zu entfalten, wie Menschen es in meinem Alter nun tun können. Waren die heutigen Pensionäre in ihrer Jugend auch anders? Oder rebellierten sie damals schon, wenn Tante Mitzi die Blumen am Grab der Uroma falsch gegossen hat? Wird uns im Alter auch der Gesprächsstoff ausgehen? Unterhalten wir uns dann nur noch über Krankheiten, Todesfälle, Gartenarbeiten, Spritpreise und die neuesten Rezepte aus der Kronen- oder Bildzeitung? Werden wir überhaupt lange genug leben, da es aktuell ein Trend zu sein scheint, immer schneller, immer besser, immer klüger als alle anderen zu sein und wir deshalb frühzeitig an Überarbeitung sterben? Sind die Gespräche der Älteren deswegen teilweise banal, weil ihr Leben um vieles einfacher war und ist? Sorgen um Arbeitsplätze gab es weniger, der Sohnemann begann eine Lehre im selben Berufszweig wie der Vater und wenn man sich beschwert hatte, wurde dies als Aufmüpfigkeit abgetan. Kann man der Gesellschaft all dies in die Schuhe schieben? Dem Schulsystem? Der Menschheit?

Heutzutage befindet man sich in einem ewig währenden Wettkampf. Es beginnt bereits in Kindertagen. Wer schreibt die besten Noten, wer trägt die teuersten Klamotten, wer bekommt den besten Arbeits- oder Studienplatz. Man wird ständig mit seinen Mitmenschen verglichen. Aber auch nur, wenn es sich um positive Dinge handelt.

- *„Der David hat wieder eine Eins in Mathe bekommen und du? Eine Fünf!"*
- *„Sieh dir an, wie brav die Berta im Haushalt hilft. Warum kannst du das nicht auch?"*

- *„Der Herbert erledigt jeden Tag brav seine Hausaufgaben. Du hingegen musst immer nörgeln.“*

Wenn man jedoch gefragt hat, ob man dieses oder jenes darf, bekam man folgende Antworten:

- *„Was geht mich der David an?“*
- *„Wenn die anderen von einer Klippe springen, springst du dann auch?“*
- *„Mein Haus, meine Regeln!“*

Ich kann nicht verstehen, warum man dieses Denken bereits in der Kindheit eingetrichtert bekommt. Warum hört man selten: *„Mach dein eigenes Ding! Finde heraus, was dich glücklich macht.“* Gut, in manchen Situationen kann ich nachvollziehen, warum unsere Eltern uns mit anderen Kindern vergleichen. Vielleicht weil sie denken, sie könnten uns damit motivieren. Aber genau das Gegenteil ist der Fall. Ja, vielleicht tut sich der Hans leichter mit Zahlen und die Susi ist eher das Sprachgenie. Ich persönlich bin der Meinung, dass genau diese Zeit einen Menschen am meisten formt. Wenn man also als Kind ständig zu hören bekommt, die anderen seien besser, geschickter oder klüger – wie soll man dann ein Selbstwertgefühl aufbauen? Woher soll man den Mut nehmen, selbstbewusster zu werden? In der Schule lernen wir artig zu sein, konzentriert mehrere Stunden still zu sitzen, das zu lernen, was uns von anderen vorgeschrieben wird und nicht aus der Reihe zu tanzen. Wer auffällt, Eigeninitiative ergreift oder Kreativität zeigt, gilt als Störenfried. Man wird quasi schon während der Schulzeit darauf trainiert, die Anforderungen zu erfüllen, fleißig zu arbeiten und keine Fragen zu stellen. Perfekte Vorbereitung für das Leben als Erwachsener. Tut brav das, was euer Chef befiehlt, arbeitet hart, dann verdient ihr genug Geld um in der Pension eure Seele baumeln lassen zu können. Aber auch nur dann, wenn ihr so alt geworden seid, um in den Ruhestand gehen zu können. Es entsteht also sehr früh ein festgefahrenes Denken, das bis ins Erwachsenenalter reicht, wenn man nicht versucht, es loszuwerden. Wie oft hatte ich in meinem Bett gelegen und mich gefragt, warum ich nicht so sportlich wie die anderen Jungs in der Schule sein konnte. Warum ich keinen flachen Bauch hatte und weshalb ich generell anders war. Ich passte so gar nicht in irgendeine Schublade. Heute als Endzwanziger finde ich das prima, aber als Kind hatte ich damit zu kämpfen.

An dieser Stelle kommt nun wieder die ältere Generation in Spiel. Heutzutage wird ein bisschen mehr auf die Bedürfnisse der Kinder eingegangen. Man hört ihnen zu, versucht sie in ihren Talenten zu fördern und sie bekommen keine Prügel, wenn sie eine schlechte Note nach Hause bringen. Aus Erzählungen weiß ich, dass diese Aufmerksamkeit unsere Omas und Opas, teilweise sogar unsere Eltern, noch nicht genossen haben. *„Das war halt damals einfach so, und? Wir haben es auch überlebt. In der heutigen Zeit sind alle verweichlicht. Männer tragen Make-Up, jeder läuft zum Psychologen, alle jammern über ihre sinkende Followerzahl und niemand scheint mehr arbeiten zu wollen. Wir hatten nichts! Wir waren froh, wenn wir überhaupt mal Fleisch zu essen bekamen. Ganz davon abgesehen, dass wir unsere Kleidung mehrere Jahre getragen haben, ob sie gepasst hat oder nicht. Ihr wechselt ja öfter euren kompletten Kleiderschrank, als wir unsere Unterwäsche."*

Ich behaupte gar nicht, dass im Jahre 2021 alles besser ist. Im Gegenteil, vieles was heute Standard ist, empfinde ich als bedenklich. In meiner Kindheit verbrachte man die meiste Zeit des Tages im Freien und beim Spielen mit den Freunden. Man durfte Kind sein, Spaß haben und die Welt entdecken. Jetzt ist der Nachwuchs einem noch größeren

Leistungsdruck ausgesetzt, was definitiv problematisch ist.

Du siehst es? Und wieder ist es der Vergleich mit anderen. Man muss mehr Follower als die beste Freundin haben und ohne Diplom oder Bachelor ist man kaum lebensfähig. Nein! Wir müssen aufhören, Menschen zu verallgemeinern. Ja, ich weiß, dieses Thema hatte ich in meinem **Loveland**-Buch schon, aber es kann nicht oft genug erwähnt werden. Ich habe manchmal das Gefühl, dass wir in einer Welt leben, in der alles und jeder kategorisiert werden muss. Das beginnt schon mit der Geburt. Mädchen bekommen rosafarbene Kleidung, Jungs blaufarbene. Tut sich der Kleine in der Schule schwer, gehört er in eine Integrationsklasse. Lackiert sich Manuel gerne die Fingernägel, wird aus ihm ein Homosexueller. Ist Lisa etwas energiegeladener, hat sie ADHS.

Warum ich noch keine Kinder habe? Ich sehe das wie folgt: Wenn ich mich dazu entschließen würde, ein Kind zu adoptieren, würde ich mich zu 100% dafür aufgeben. Ich würde mich selbst so weit nach hinten stellen, dass ich alles für meinen Engel geben könnte. Klar denken viele, dass ich jetzt vielleicht ein bisschen übertreibe. Schließlich muss man so ein Baby füttern, die Windeln wechseln und es bespaßen. Stimmt! Aber irgendwann wird aus diesem Wonneproppen ein erwachsener Mensch und ich möchte dann sagen können: *„Ich habe alles in meiner Macht stehende getan. Es ist mir gelungen, ihm Werte zu vermitteln. Ich habe mein Kind in allem unterstützt, seine Fähigkeiten gefördert und seinen Geist gestärkt. Ich habe ihm dabei geholfen ein glücklicher Mensch zu werden, der seine eigenen Ziele verfolgt, ein selbständiges Leben führt, sich selbst liebt und sich seines Wertes bewusst ist. Der seinen eigenen Weg geht, niemandem schadet, ein offenes Herz hat, empathisch und ohne Vorurteile handelt und weiß, dass er geliebt wird."*

So weit bin ich noch nicht und vielleicht werde ich es auch nie sein. Weil ich mir selbst im Augenblick noch zu wichtig bin. Und ich wehre mich strikt dagegen, rein aus Pflichtgefühl Kinder in die Welt zu setzen – nur weil sich das eben gehört. Nope, nicht mit mir! Ich habe keinen Bock, nach gesellschaftlichen Regeln zu tanzen. Wer hat die überhaupt erfunden?

Man könnte an dieser Stelle wieder ausholen und darüber diskutieren, dass es für die Regierung einfacher wäre, wenn der Mensch gefügig bleibt. Wenn er schön mit dem Strom schwimmt, hörig ist und sich den Mächtigen fügt. Das

Volk wäre lenkbarer und somit weniger eine Gefahr für die teils absurden Entscheidungen der Obersten.

Wer nicht denkt, der hinterfragt nicht. Wer nicht hinterfragt, vertraut. Wer vertraut, der ist verloren.

Was jetzt nicht heißt, dass wir alle zu Skeptikern und Verschwörungstheoretikern werden sollen. Um Himmels willen, nein! Aber wir sollten uns unsere eigene Meinung bilden und selbst entscheiden, was wir für richtig oder falsch halten. Ist es in meinen Augen richtig, dass einzelne Gruppen ausgegrenzt werden? Empfinde ich es als falsch, wenn man das eigene Kind ständig mit anderen vergleicht? Ist es falsch, mich ununterbrochen von den Meinungen anderer beeinflussen zu lassen, obwohl ich die Dinge völlig anders sehe? Ist es richtig, dass ich mir viel mehr Gedanken darüber mache, was andere über mich denken, anstatt einfach ich selbst zu sein?

Somit kommen wir wieder zum eigentlichen Thema dieses Kapitels – die Meinungen anderer. Als Sänger, der sich bereits früh auf die Bühne gestellt hat und damit andere eingeladen hat, über ihn zu urteilen, habe ich lange daran zu knabbern gehabt. Bei jedem Coversong, jedem Musical, jedem Buch, jedem Foto war ich versessen darauf, dass alle es toll finden. Selbst wenn ich schon als Teenager erkannt habe, dass es viele Neider und boshafte Menschen gibt. Ich wollte händeringend, dass mich alle mögen. Dass dies schier unmöglich ist, weiß man … in der Theorie. Kränkt es uns trotzdem, wenn uns ein Arbeitskollege aus unerfindlichen Gründen verabscheut? Leider, ja. Sollten wir trotzdem darauf pfeifen? Verdammt noch mal, **JA!**

1. **Pfeife auf die Meinungen anderer!** Wer dich nicht mag, mag dich nicht. Du kannst zwar versuchen, diese Person davon zu überzeugen, dass du ein wundervoller Mensch bist, aber spar dir die Zeit, den Aufwand und die Nerven lieber. Und sind wir einmal ehrlich, es lebt sich so viel leichter, wenn man nicht täglich versucht den Anforderungen oder Wünschen der Mama, des Papas, der Großeltern oder der Freunde gerecht zu werden. Die haben ihre eigenen Vorstellungen eines glücklichen Lebens und die hast du auch. Jeder hat das Recht, glücklich zu sein und es ist verdammt noch mal deine Entscheidung, wie dieses Glück für dich aussieht.

2. **Hör auf, dich mit anderen zu vergleichen!** Du bist ein Individuum, hast deine eigenen Träume, Wünsche und Bedürfnisse. Warum diese also mit der, der anderen gleichsetzen? Du hast deine eigenen Fähigkeiten und Talente. Wozu um alles in der Welt solltest du Profifußballer werden wollen, nur weil dein Bruder das anstrebt. Du hingegen bist eine virtuose Geigenspielerin – Glückwunsch. Mach was draus!

3. **Ärgere dich nicht über Dinge, die du nicht selbst in der Hand hast.** Du kannst nichts daran ändern, wenn eine Arbeitskollegin ständig in den Krankenstand geht. Du kannst nichts dagegen tun, wenn du im Stau steckst. Du kannst nichts daran ändern, wenn ein Tinderdate nicht auftaucht. Kein Grund zur Panik, wenn die Kassiererin heute etwas langsamer arbeitet als sonst – das kannst du nicht beeinflussen. *(Außer du brüllst, wie ich es aus dem örtlichen Supermarkt kenne: „Hallo? Wieso mochts denn ihr ka zweite Kassa auf? I hab doch ned in ganzen Tag Zeit, Herrschaft! Hallo, Fräulein! Druckens doch bittschen moi auf de Glockn, damit ihr Kollegin kummt,*

ha? Wie wa denn des?) Ebenso kannst du nichts dagegen tun, wenn ein Mensch den Entschluss gefasst hat, dich abgrundtief zu verachten. Wünsch ihm viel Spaß dabei.

4. **Verschwende deine Zeit nicht mit Dingen, die dich nichts angehen.** Es ist scheißegal, ob der Nachbar wieder einmal seinen Hund vor die Haustür pinkeln lässt. Es hat dich nicht zu kümmern, ob ein anderer kein Fleisch isst. Es muss dir egal sein, wie die Frau vor dir ihr Baby hält. Nutze die Zeit sinnvoll, indem du dich deinen Hobbys widmest, reflektierst oder dir etwas Gutes tust. *(Bitte versteh das jetzt nicht falsch. Das soll keineswegs heißen, dass jeder Mensch nur noch auf sich selbst achten und wir alle zu extrem selbstverliebten Egoisten mutieren sollen.)*

Wir müssen aufhören, uns von unnötigen Dramen die Zeit stehlen zu lassen. Es gibt viel wichtigere Dinge, die unsere Energie und Gedanken verdienen. Und das gilt für alle Menschen, in jedem Alter. Meiner Meinung nach ist es keine Entschuldigung zu sagen: *„Ach, die ist schon so alt. Die kann man nicht mehr ändern!“* Richtig, das sollten wir auch nicht wollen. Ein anderer Mensch kann uns nicht ändern und sollte dies auch nicht beabsichtigen. Aber man kann einander andere Sichtweisen näherbringen und die Menschen dadurch zum Nach- oder Überdenken anregen – sofern das Interesse besteht. Man ist nie zu alt, um seine Prinzipien und Meinungen zu hinterfragen. Man ist nie zu alt, damit aufzuhören, sich das Maul über die anderen zu zerreißen. Lieber die eingerostete Staffelei vom Dachboden holen und die Zeit nutzen, um seiner Leidenschaft nachzugehen. Klingt alles sehr kitschig? Ich weiß, aber irgendwo habe ich nicht ganz unrecht, oder?

Du hast nur dieses eine Leben.

Nutze es und achte darauf!

ACHTUNG, TOXISCH!

Neid und Missgunst

Wer kennt sie nicht? Diese in Freundlichkeit gekleideten Arschlöcher, die dich manipulieren, hinter deinem Rücken über dich herziehen und dich heimlich verabscheuen. Da gibt es zum Beispiel, diese flüchtige Bekannte, die sich jedes Mal wahnsinnig freut, wenn sie dir beim Einkaufen über den Weg läuft. Sie fragt, wie es den Kindern, dem Ehemann und der kürzlich am Oberschenkelhals operierten Oma geht. Aus ihrem Mund sprudeln die Komplimente geradezu heraus und ein *"Wir müssen uns mal wieder auf einen Kaffee treffen"* ist das letzte Indiz für ihre Falschheit. Sobald die Gute ihres Weges stolziert, verdreht sie die Augen und wünscht dir einen Tripper. Warum tut ein Mensch das? Ist es so schwierig, Personen, die man nicht leiden kann, ohne zu zögern aus dem Leben zu streichen? Oder noch besser, ihnen gar nicht erst Zutritt in unsere schöne bunte Welt zu gewähren? Die Antwort ist simpel.

Weil es Zeit braucht, diese falschen Schlangen zu identifizieren. Viele von ihnen sind Meisterinnen und

Meister im Tarnen und Täuschen. Manchmal dauert es sogar Jahre, bis das wahre Gesicht eines Menschen offenbart wird. Wie wir dieses Prozedere straff verkürzen? Nun, zuerst müssen wir mal die unterschiedlichen Arten und Varianten, sowie den Gefahrengrad, die Häufigkeit, den Lebensraum und besondere Erkennungsmerkmale definieren. *(Ja, ich weiß … Widerspruch! Da labert er die ganze Zeit, dass man nicht pauschalisieren, schubladisieren oder verallgemeinern soll. Das stimmt auch! In Fällen boshafter Menschen dürfen wir hier aber eine Ausnahme machen – denn Negativität können wir nicht gebrauchen. Da gehören Neid und Missgunst eindeutig dazu. Wir kategorisieren hier ja auch nicht den Menschen per se, sondern den fiesen Dämon, von dem diese Person befallen ist. Die Kraft Jesu Christi bezwingt dich!)*

WICHTIGER HINWEIS – folgender Abschnitt enthält Satire und Witz und kann sich von den anderen Kapiteln abheben, da vieles ins Lächerliche gezogen und am Rande des guten Geschmacks stattfindet. Bitte nicht ganz so ernst nehmen! Bei Risiken und Nebenwirkungen einfach mal getrost lachen.

Die Tratschtante

Art: Lästerschwester, Schickimicki-Tussi

Gefahrengrad: gering/ätzend

Häufigkeit: mittel

Lebensraum: Familie, Freunde, Bekannte

Besondere Erkennungsmerkmale: starre Mimik, spitze Lippen, auffälliges Inspizieren unserer Kleidung, erhobene Augenbraue, gekünsteltes Lächeln und sehr hohes Hüsteln.

Bei diesen **Tratschtanten** handelt es sich um eher harmlose Neider. Man trifft sie zufällig in der Öffentlichkeit. Schon beim ihrem Anblick versucht man ungesehen zu bleiben, nach Notausgängen zu suchen oder in der Handtasche nach dem Asthmaspray zu fummeln. Richtig gemein wird es, wenn diese Spezies sich von hinten anschleicht und man völlig überraschend seinen Namen in einer äußerst nervtötenden Frequenz wahrnimmt. Man dreht sich ängstlich um und blickt dieser Person direkt in die vollgekleisterte Visage. Wie oben angedeutet, ist diese Gattung meist nur in der Lage, Smalltalk zu führen. Tiefgründigere Gespräche sind aufgrund mangelnder Intelligenz und Bildung unmöglich. Ihr Selbstwertgefühl liegt ungefähr bei null, ansonsten müssten sie andere nicht fertig machen, um sich selbst besser zu fühlen. Sie sind relativ einfach zu entlarven, da sie durch ihre perfide Ausstrahlung genügend Indizien für Falschheit, Hinterlist und Durchtriebenheit liefern. Sie grinsen durchweg, werfen ständig ein "Maaah" oder ein "Geeeh" in unsere kurzen Antworten, geben mit ihren wunderschönen Kindern und traumhaften Ehemännern an, protzen mit Habseligkeiten und teuren Designerklamotten, kippen den Kopf leicht zur Seite, wenn sie uns scannen und verabschieden sich mit erfundenen wichtigen Terminen. Sobald diese Personen mit anderen Artgenossen zusammenkommen, wird gelästert, getratscht und hergezogen. Alles wird kritisiert, bis ins kleinste Detail analysiert und ins Lächerliche gezogen. Beispiel: *„Silke? Du wirst nicht glauben, wer mir gerade bei Spar in der Fleischabteilung über den Weg gelaufen ist! Weißt du, was sie getragen hat? Ein T-Shirt mit der Aufschrift:* **vegan und glücklich**, *die Shorts die wir letztens im Abverkauf bei Zara gesehen haben und eine Haarklammer. Wer trägt denn heutzutage noch Haarklammern? Jedenfalls hat sie fürchterlich ausgesehen. Ich habe ja von Henriette gehört, dass sie sich erst kürzlich von Robert getrennt hat. Größter Fehler ihres Lebens! Er war ein charmanter, gutaussehender und erfolgreicher Mann. Warum würde man einen solchen Hingucker verlassen? Ach, du meinst, dass er mit ihr Schluss gemacht hat? Na ja, wundert mich nicht. Sie ist ja Künstlerin, oder? Ist das überhaupt* *ein richtiger Beruf? Wie auch immer, jedenfalls hatte sie Augenringe bis nach Timbuktu. Wenn ich es dir sage, die kann bestimmt nicht schlafen, seit ihr Traumprinz das Weite gesucht hat. Ach, und als ich sie nach ihrer Mutter gefragt habe, habe ich erfahren, dass sie seit einem halben Jahr im Altersheim lebt. Typisch, oder? So wird es einem gedankt. Gertrude war eine liebenswürdige Frau, die immer alles für ihre Kinder getan, nebenbei den Bauernhof geführt, ihren Mann umsorgt hat und jetzt … wird sie einfach abgeschoben. Was? Ja, meine ist schon länger im Pflegeheim, aber Silke, das kann man doch nicht vergleichen! Meine Mutter ist schwerst dement. Weißt du, wie anstrengend es wäre, die Tag und Nacht zu bewachen? Außerdem wissen die Fachkräfte im Heim viel besser mit ihr umzugehen. Das würde ich ja psychisch auch gar nicht schaffen. Aber meine Mutter ist in einem besonders hochqualifizierten Pflegeheim. Das war meinem Mann schon sehr wichtig. Wir kommen auch für alle Kosten auf. Noch etwas anderes. Hast du gewusst, dass sie jetzt Unterricht gibt? Lächerlich."*

Ich wette, du hast gerade ein ganz genaues Bild von dieser Dame im Kopf. Neider der Spezies **Tratschtante**, sind jedoch relativ leicht aus unserem Leben zu entfernen. Natürlich verlangt es eine gehörige Portion Mut, aber mit Direktheit sind sie rasch mundtot gemacht. Sie werden sich auch weiterhin das Maul über uns zerreißen, nerven uns aber zumindest nicht mehr mit ihren äußerst lästigen Gesprächen über ihr ach so tolles Leben. Einfach mal salopp ihnen die Meinung zu geigen, wirkt wahre Wunder.

Die Mobber

Art: Machos, Schlägertypen, Möchtegern-Cheerleader, Trullas und Schulsprecher

Gefahrengrad: mäßig/giftig

Häufigkeit: mittel

Lebensraum: Schule, Arbeitsplatz

Besondere Erkennungsmerkmale: ständig dumme Sprüche parat, sportlich begabt, hinterfotzig, allseits beliebt, arschkriecherisch veranlagt

Obwohl ein erheblicher Altersunterschied zwischen den Klassenkameraden und Arbeitskollegen herrscht, hat man teilweise das Gefühl, diese Mobber würden nie erwachsen werden. In der Schulzeit in Form von Klassenclowns, Schulsprechern, Cliquen-Anführern, Fußballprofis und Lehrerlieblingen auftretend, in der Arbeitswelt als Abteilungsleiter, Hypochonder, Chefsekretärinnen, Zigarettenschwestern und Mitarbeiterflachleger gesehen. Was verbindet sie alle? Richtig! Der Neid und die Missgunst. Wurde man vom beliebten Cliquenoberhaupt mal kräftig gegen den Spind gedrückt und musste dabei sein Knabbernossi-Angina-Odeur einatmen, während die anderen Jungs schallend gelacht und ihn angefeuert haben – so bekommt man von einer der bösen Bitches, die im Pausenraum sitzen und ablästern, gerade mal einen gehässigen Blick zugeworfen, wenn man sich an den großen Tisch setzt. Egal, ob man dafür beneidet wird, dass man in Mathe den einzigen Einser geschrieben, bei der jährlichen Inventur das beste Ergebnis erzielt, das Mädchen aus der Parallelklasse dem Klassenclown unseretwegen einen Korb gegeben hat oder wir dem Chef sympathischer sind und deshalb keine Samstage arbeiten müssen. Für Mobber gibt es immer einen Grund jemanden zu piesacken. Wie bei allen anderen Neidern, versuchen auch die Mobber ihre eigene Unsicherheit zu kaschieren, indem sie andere kleiner machen.

In der Schule scheint die Möglichkeit von diesen Mobbern loszukommen eher gering. Man will keine Petze sein, hat nicht so viele Freunde, die einem den Rücken stärken und ist selbst nicht schlagfertig, kräftig oder mutig genug, diese überheblichen Schweine loszuwerden. Ich für meinen Teil habe damals gelernt, sie zu ignorieren. Zu meinem Glück sind sie nur selten handgreiflich geworden. Spannend war es nach der Schulzeit, als die ersten Klassentreffen stattfanden und viele von ihnen ein schlechtes Gewissen gehabt hatten. Gut, Kinder wissen bekanntlich nicht immer, was sie tun – können aber genauso grausam wie Erwachsene sein.

Im Berufsalltag sieht es da zum Glück schon ein wenig anders aus. Man hat sich über die Jahre ein Selbstbewusstsein aufgebaut, lässt sich nicht mehr alles gefallen und weiß sich zur Wehr zu setzen. Manche handhaben es wie in der Schulzeit – die dummen Hyänen oder protzenden Zuchtbullen getrost ignorieren. Dass Frauen bissig werden können, wenn man selbst ein fleißiger, verantwortungsbewusster und ehrgeiziger Mitarbeiter ist, kommt nicht selten vor. Gerade wenn sich diese Damen in ihrem Territorium bedroht fühlen. Da wird man frisch ins Fleischwarenteam aufgenommen, arbeitet schnell, zuverlässig und kompetent – schon ist man der Abteilungsleiterstellvertreterin ein Dorn im Auge. Man könnte ihr ja ihre Stellung streitig machen. Ebenso gefährlich, wenn der Chef mitbekommt, dass man ein gewisses Tempo an den Tag legt, dann müssten die anderen Hühner auch einen Zahn zulegen. Was ja bekanntlich mehr Handgriffe und Einsatz verlangen würde. *Die Neue müssen wir loswerden, und zwar sofort!* Bei den Männern, im Falle, dass wir eine Frau sind, kann ihr Ego schnell verletzt werden, wenn man auf ihre Flirtversuche nicht anspringt. Die beleidigte Leberwurst wird dann hinterlistig und verbreitet Lügen, mobbt oder verbündet sich mit einer der Raucherbitches. Wenn wir selbst ein Mann sind, ist die Chance von anderen Männern gemobbt zu werden eher gering. Männer können zwar auch sehr bissig sein, dürften aber im Arbeitsalltag eher gelassenere Wesen im Umgang mit Ihresgleichen sein. Es sei denn, man trifft auf rassistische oder homophobe Kerle. Ja, dann können auch die zicken.

Im Beruf muss man tatsächlich abwägen, wie sehr uns die Mobber belasten. Ist es auszuhalten? Haben wir genügend Oropax? In meiner Zeit im Elektrofachgeschäft hatte ich es, wie überall, mit Menschen zu tun, die von Vornherein ein Problem mit mir hatten. Entweder aus oben genannten Gründen oder aus Homophobie. Viele von ihnen erkannten nach einiger Zeit, dass ich ihren Vorurteilen so gar nicht gerecht wurde und ein durchaus freundlicher und "normaler" Arbeitskollege war. Andere musste ich mir erst zur Brust nehmen und sie direkt auf ihr Problem ansprechen. Einer kleinen Anzahl ging ich aus dem Weg, da ich ohnehin kaum etwas mit ihnen zu tun hatte und nur selten irgendeinen dummen Spruch zu hören bekam. Der beste Weg erscheint mir tatsächlich der des Ignorierens.

Die Konkurrenten

Art: Zweitbesetzung, Stellvertreter, Ersatzspieler
Gefahrengrad: mittel/ätzend
Häufigkeit: gering
Lebensraum: Beruf, Freizeit, Freundschaft
Besondere Erkennungsmerkmale: zerstörerische Seitenblicke, absichtlich von ihnen hervorgerufene Unfälle, überhebliches Haare nach Hinten werfen, zusammengekniffene Augen in Kombination mit schmalen, nach oben gezogenen Lippen

Ähnlich wie die Mobber in der Arbeitswelt, wollen uns die Konkurrenten im besten Fall ausschalten. Besonders in Vereinen, Mannschaften, Buchclubs, Theaterhäusern und Kirchengemeinden, herrscht ein regelrechter Wettkampf, der unsinniger nicht sein könnte. Gerade da, wo es um Teamgeist, Zusammenhalt und ein gemeinsames Ziel geht, entwickelt der Konkurrent ein besonderes Feuer. Er oder sie muss der oder die Schnellste, Beste, Erfolgreichste, Qualifizierteste oder Erste sein. Die Hausfrau will immer am meisten Bücher gelesen haben. Der Fußballer muss die überraschendsten Tore schießen. Die Schauspielerin gibt alles, um stets die Hauptrolle zu ergattern. Im Kochkurs geht es gar nicht anders, als dass das eigene Amuse Bouche am herrlichsten schmeckt.

Im Vergleich zu den anderen Neidern beschränken sich die Konkurrenten oftmals nur auf einen bestimmten Zeitraum. Beim Musicalvorsprechen kann da zum Beispiel schon mal das falsche Playback vom fiesen Nebenbuhler eingelegt werden. Nachdem die Rollen vergeben sind, mag er Einsicht zeigen und sich mit der Situation abfinden, dass wir den Romeo spielen dürfen. Wenn sie ganz hartnäckig sind, geht der Kampf bis zur letzten Vorstellung weiter – hierbei sollte man definitiv Hilfe beim Regisseur oder der Gesamtleitung suchen. Solch ein kindisches Verhalten gefährdet schließlich die gesamte Produktion.

Konkurrenten können grundsätzlich auch eine Motivation sein. Man selbst gibt sich vielleicht mehr Mühe und erzielt dadurch eine höhere Leistung. Letztendlich sollte man, egal in welchen Bereichen, an den Teamgeist appellieren. Entweder durch persönliche Gespräche oder über den Leiter der Partie. In Vereinen stechen die Übeltäter in den meisten Fällen schnell hervor und werden entweder zurechtgewiesen oder aus dem Verkehr gezogen. Am besten nicht auf ihr Niveau hinunterlassen und ihr Spiel mitspielen. Lächeln, nicken, Arschloch denken.

Die Social-Medias

Art: Feiglinge, Nerds, Hater

Gefahrengrad: gering/brandfördernd

Häufigkeit: mittel

Lebensraum: Internet

Besondere Erkennungsmerkmale: kein Profilbild, kein echter Name, mangelnde Rechtschreibkenntnisse

Diese Art von Neider ist zwar häufig penetrant und hartnäckig, jedoch schnell und einfach zu eliminieren. Gern gesehen auf Youtube, Instagram und Co. verstecken sich frustrierte, gelangweilte und missgünstige Menschen hinter unscheinbaren Profilen. Nicht selten kommentieren sie boshaft, disliken jedes Bild und versuchen unseren Ruf zu schädigen. Die gefährlichsten unter ihnen sind die, die Hackerkenntnisse haben. Da kann auch schon mal eine angsteinflößende Nachricht im Postfach landen.

- *„Wenn du mir bis morgen Mittag nicht 10.000 Euro*

überweist, veröffentliche ich deine Dickpics."

- *„Du gehst am Samstag mit mir aus oder ich teile deine privaten Nachrichten mit aller Welt."*

Oftmals sind es, Gott sei Dank, leere Drohungen, um Panik zu machen. Dennoch sollten wir bestenfalls sichere Passwörter benutzen, keine Fotos, Videos oder Nachrichten leichtsinnig verschicken und ein Antivirenprogramm installiert haben. Ich selbst bekomme zwar mittlerweile seltener Hasskommentare und dergleichen, möchte dir aber zur Belustigung, meine kleine Best-Of Sammlung nicht vorenthalten.

- *Kündige ja deinen Job nicht. Das hier ist scheiße!*
- *Interessantes Make-Up, fürchterliche Stimme. Das Gute daran ist, dass du Madonna im Vergleich wie eine echte Sängerin klingen lässt.*
- *Hör auf!*
- *Deine Stimme ist das nervigste Geräusch, das ich jemals gehört habe.*
- *Jesus! Die Eier so etwas hochzuladen. Dude, du kannst nicht singen!*
- *Ja. Schwul.*

- *Dein Gesicht ist nervig.*
- *Warum machst du so ein Gesicht und singst so widerlich, dass es widerlich ist, mir das anzusehen. Britney hat so was nie getan. Sie war professionell und du bist widerlich anzusehen.*
- *Schlechteste Parodie, die es je gab aber voll geil.*
- *Du bist die Stimme Satans, geh dich erhängen.*
- *Ist er schwul?*
- *Du bist fürchterlich, dein Video ist fürchterlich. Deine Stimme ist unglaublich scheiße, meine Ohren bluten. Madonna würde das Gleiche sagen. Willst du meinen Rat? Lösche das Video und mach es kreativer.*
- *Wie schwul.*

Ich kann nicht nachvollziehen, warum man seine Zeit in Derartiges investieren muss. Wenn mir ein Video, ein Bild oder was auch immer nicht gefällt, dann käme ich nie auf die Idee einen Kommentar zu verfassen. Und was ist mit der Meinungsfreiheit? Hass hat nichts mit einer Meinung zu tun. Wenn es jemandem ein Bedürfnis ist, unter einen Song zu schreiben, dass man ihn nicht mag – bitte schön, tu es. Solange es respektvoll, sachlich und konstruktiv bleibt, ist alles in Ordnung. Hasskommentare, homophobe

Beleidigungen, rassistische Äußerungen und dergleichen gehören genauso wenig ins Internet wie ins reale Leben.

Nun haben wir zwei Möglichkeiten, entweder ignorieren wir den Neid im Internet oder wir melden, sperren oder blockieren diese Personen. Wenn es zu krass wird, sollte man sich nicht scheuen und die Polizei verständigen. Klingt das lächerlich? Ganz und gar nicht. Cybermobbing, Drohungen und Hass im Internet müssen genauso ernst genommen werden wie im wirklichen Leben. Also scheue dich nicht und suche dir im Notfall Hilfe.

Die Manipulativen

Art: Falsche Schlangen, Dr. Jekyll & Mr. Hyde

Gefahrengrad: hoch/explosionsartig

Häufigkeit: mittel - selten

Lebensraum: Freundeskreis, Familie

Besondere Erkennungsmerkmale: cholerisch, durchtrieben, intensive und schnelle Gemütszustandsveränderung

Diese äußerst gefährlichen **Manipulativen** sind schwer zu erkennen. Meist sind sie schon in den engeren Freundeskreis vorgedrungen. Sie verstehen sich fabelhaft auf das Gebiet der Tarnung und Täuschung, des

Schmeichelns und Arschkriechens. Bei Menschen, die immer das Gute in anderen sehen, könnte das zu schlimmeren Folgeschäden führen. Sie treten sanft in unser Leben und nisten sich wie ein Parasit ein. Auf den ersten Blick mögen sie sogar etwas schüchtern und introvertiert erscheinen, haben es aber faustdick hinter den Ohren. Sie wissen, wie sie uns um den Finger wickeln und gekonnt in ihren Bann ziehen. Professionell beherrschen sie es, unser Vertrauen zu gewinnen und reservieren sich damit einen Platz in unserem Herzen. Was sie damit bezwecken wollen, ist Folgendes: Mit aller Kraft alles, was wir uns hart erarbeitet haben, an sich zu reißen oder regelrecht zu zerstören, wenn wir jemals hinter ihr Geheimnis kommen sollten. Sie sind berechnend, hinterhältig und gehen über Leichen. Explodieren bei der kleinsten Kritik, beschimpfen in der derbsten Sprache und werden in Kombination mit Alkohol noch fieser. Durch ihren extrem geringen Selbstwert, ihre Überzeugung ein immenser Versager zu sein und den dazu sehr intensiv ausgeprägten Geltungsdrang, sollte man sich schnellstmöglich einen Plan zurechtlegen. Sobald man erkannt hat, dass es sich um einen **Manipulativen** handelt, muss man geschickt und überlegt handeln. Bei zu rascher Verabschiedung aus unserem Leben könnte es Folgen nach sich ziehen. Dadurch, dass sie uns für längere Zeit dieses sehr verständnisvolle, aufrichtige und herzliche Ich präsentiert haben, kann es passiert sein, dass wir uns ihnen geöffnet haben. Geheimnisse wurden preisgegeben, man hat sich selbst dazu verleiten lassen über andere zu schimpfen – da die **Manipulativen** äußerst geschickt darin sind unsere negativen Seiten herauszukitzeln – oder es befinden sich peinliche, vielleicht sogar freizügige Fotos in den Chatverläufen. Alles wird streng von ihnen protokolliert, nummeriert und abgespeichert, damit sie es irgendwann gegen uns verwenden können. Jetzt heißt es Ruhe bewahren!

Ich hatte es mit einem ganz fiesen Kerl zu tun, der mich übelst hinters Licht geführt hat. Jahrelang hat er sich als barmherziger und aufrichtiger Freund ausgegeben. Er hat meine Ideen, meine Projekte und alles was ich tat, bewundert. Mit all seiner Macht wollte er mich unterstützen. Schließlich fand er es wahnsinnig unfair, wie mich manche Menschen behandelten. Heimtückisch schaffte er es, dass ich immer nur das Positive in ihm sehen wollte – obwohl mich viele meiner Freunde warnten. Ich nahm ihn in Schutz und verteidigte ihn. Die anderen würden ihn nicht richtig kennen. Bis … ja, bis ich sein wahres Gesicht zu sehen bekam. Dahinter entdeckte ich einen zutiefst traurigen, enttäuschten, ultimativ neidischen Mann, der selbst rein gar nichts aus eigener Kraft in die Tat umsetzen konnte und andere dafür verantwortlich machte. Natürlich war er talentiert, hatte tolle Ideen und benötigte nur Durchhaltevermögen und Ehrgeiz. Diese Dinge fand er in mir und wollte deshalb ein Stück von meinem Kuchen haben. Dieses stand ihm definitiv nicht zu. Obwohl wir bei jenem Projekt die Aufgabenbereiche fair aufgeteilt hatten, kam von ihm kaum etwas. Gutmütig wie ich nun einmal bin, wollte ich ihm dieses Gefühl von Stolz nicht verwehren und fügte seinen Namen in allen Bereichen hinzu. Trotzdem wurde ich bis aufs Derbste beschimpft, bedroht und beinahe in den Wahnsinn getrieben. Das Problem in all der Zeit war, dass ich trotz allem sehr vorsichtig sein musste und keine Beweise für sein aggressives, manipulatives und abschätziges Verhalten hatte. Er wusste viel über meine Vergangenheit und kannte das eine oder andere Geheimnis. Als ich von einer Freundin erfuhr, dass er sie zum Kaffee eingeladen hatte, um ihr die Wahrheit über mich zu erzählen, sprach ich ihn darauf an. Kurz darauf war Funkstille. Oh, und dieses Exemplar gehörte auch noch zur nachfolgenden Kategorie: **der mit den bösen**

Augen. Aber dazu gleich mehr.

Was lernen wir daraus? Oft genügt schon eine Kleinigkeit, um diese toxischen Menschen loszuwerden. Diese sollte jedoch gut geplant sein. Im Nachhinein betrachtet, tut er mir sogar leid. Schade, wenn sich jene, die von Neid und Missgunst zerfressen sind, selbst das Leben schwer machen. Er ist kein schlechter Mensch. Die Tatsache, dass er andere fertig machen muss, um sich besser zu fühlen, ist etwas, das wir leider schon mehrmals bei unseren Artgenossen beobachten mussten. Mögen sie irgendwann zu sich selbst finden, ihre Negativität loswerden und anfangen für ihr eigenes Tun Verantwortung zu übernehmen.

Die mit den bösen Augen

Art: Narzissten, Arschlöcher

Gefahrengrad: sehr hoch/giftig

Häufigkeit: mittel

Lebensraum: Partnerschaft, Ehe

Besondere Erkennungsmerkmale: hervorstechende Augen, zuckende Lider, seltsame Ticks, sich schnell rötlich verfärbende Wangen

Dabei handelt es sich wohl um den Gefährlichsten aller Neider und von Missgunst zerfleischtem Typus. Sie haben vieles mit den Manipulativen gemeinsam. Auch **die mit den bösen Augen** lügen in der Kennenlernphase das Blaue vom Himmel herunter. Sie schmachten uns regelrecht an, finden alles toll, was wir sagen oder tun, geben uns das Gefühl von Sicherheit, Liebe und Wertschätzung und verkaufen sich als die warmherzigsten Kavaliere. Tatsächlich sehen sie in uns ein Opfer, das zerstört werden muss. In den unerwarteten Momenten zeigt sich ihre wahre Absicht und wenn man diese früh genug erkennt, entkommt man diesem Teufelskreis noch bevor man in den unausweichlichen Strudel der Verzweiflung gerät. Das Wort **Narzisst** ist vielen ein Begriff. Du hast bestimmt auch schon einmal davon gehört, wenn es um das Thema häusliche Gewalt geht. Die meisten dieser Monster schlummern in Ehemännern, Partnern, teilweise auch in besten Freunden. Nun darf man diese Karte nicht nur den männlichen Geschöpfen zuschieben. Auch Frauen können Koryphäen auf diesem Gebiet sein. Wer sich mit diesem Thema schon einmal befasst hat, weiß, dass diese Menschen einen immens geringen Selbstwert, ein kaum vorhandenes Selbstbewusstsein haben und Selbstliebe nicht einmal buchstabieren können. Kurz gesagt, suchen sie sich ihre Opfer ganz gezielt aus. Oft trifft es gutmütige, ehrliche und sensible Menschen. Jene, die selbstständig, aber händeringend auf der Suche nach dem passenden Deckel zu ihrem Topf sind. Narzissten studieren ihre Beute und nutzen deren Schwächen aus. Unzulänglichkeiten, Komplexe und Probleme werden fein säuberlich ad acta gelegt und zum richtigen Zeitpunkt wie ein Maschinengewehr abgefeuert. So versuchen sie ihre Partnerinnen und Partner langsam, aber sicher, zu brechen und abhängig von ihnen zu machen. Familien werden durch den Dreck gezogen, Freunde als minderwertig betitelt, Arbeitskollegen beschuldigt, um somit einen Keil zwischen das soziale Leben und das Opfer zu treiben. Das Ziel? Absolute Abhängigkeit.

Das Motiv? Ich für meinen Teil bin davon überzeugt, dass die Grundmotivation auf Neid zurückzuführen ist. Neider sehen sich selbst ganz unten auf der Erfolgsskala, obwohl sie genau das Gegenteil nach außen tragen. Sie spielen gerne die erfolgreichen, eloquenten, charmanten, selbstbewussten und glücklichen Junggesellen, die wie alle anderen von Ehe, Haus und Kinder träumen. Tatsächlich sind sie unsichere, traurige, verletzte und skrupellose

Sadisten, die unreflektiert, selbstverleugnend und egozentrisch durchs Leben gehen.

Das Hauptproblem? Viele von ihnen kommen ohne Schrammen davon. Wenn man es geschafft hat, sich von solch einem Master-Neider zu lösen, findet dieser relativ schnell eine neue Obsession. Wie man aus vielen Erzählungen und Geschichten weiß, *(in meinem Psychothriller UND MIT MIR DIE ANGST bearbeitete ich dieses Thema in fiktiven Beziehungen)* tragen die Wunden in den meisten Fällen nur die Opfer davon. Selbst wenn man herausfindet, wer der oder die nächste auf seiner Liste ist, wird einem wenig Glauben geschenkt. *„Was redest du denn da? Leo ist ein unglaublich charmanter, liebevoller und zuvorkommender Mann. Du spinnst dir da etwas zusammen!"* Gut, wie du willst, Bärbel. Mal sehen, wie lange es bei dir dauert, bis du erkennst, mit wem du es in Wirklichkeit zu tun hast.

***

So, das waren sie, die unterschiedlichen Typen von Neidern. Du hast jetzt eine ausführliche Liste, mit der du künftig arbeiten kannst. Auch wenn sie sich unterscheiden, haben sie alle eines gemeinsam. Sie sind neidisch auf dich, dein Aussehen, deine Fähigkeiten, dein Leben. Und was machen wir mit negativen Menschen? Wir lassen uns von ihnen nicht beeinflussen und bieten ihnen keine Angriffsfläche. Natürlich muss man damit rechnen, dass man in gewisser Weise zur Zielscheibe für Missgunst wird, sobald man auch nur ein harmloses Foto postet, auf der Bühne steht, mit anderen Menschen verkehrt, zur Schule geht, als Single nach einem Partner sucht … kurz gesagt, überall! Neider lauern hinter jeder Ecke und wie ich schon erwähnt habe, können wir nur unseren eigenen Bereich beeinflussen. Dass andere Frauen sich über uns aufregen, können wir nicht ändern. Ob der Theaterkollege einen Konkurrenten in uns sieht, liegt nicht in unsere Macht. Wir müssen es hinnehmen und akzeptieren. Was wir allerdings ändern können ist, wie wir auf Neid und Missgunst reagieren. Wollen wir uns von jemandem runterziehen lassen, der gerne so sein möchte wie wir? Nehmen wir Menschen ernst, die nicht einmal die Eier haben, ihr Gesicht in ihrem Profil zu zeigen? Kann uns eine Arbeitskollegin tatsächlich damit wehtun, wenn sie uns nicht ansieht? Nein. Das funktioniert zwar nicht von heute auf morgen, aber man kann es lernen. Wie alles im Leben verlangt es Zeit, Mut und Stärke. Es ist ein weiterer Schritt zu einem besseren, gesünderen, leichteren und glücklicheren Leben. Hass, Neid und Missgunst haben von jetzt an keinen Platz mehr darin. Und falls diese Konkurrenten, Tratschtanten, Mobber oder Narzissten unsere Wege kreuzen, dann weißt du ja, worauf du achten musst, um diese zu erkennen und im besten Fall schnellstmöglich zu verabschieden.

Alles Liebe,

dein Schwuler, mit dem nervigsten Gesicht und der widerlichsten Stimme Satans.

DER KAMPF UM DIE KRONE

Wer ist denn jetzt Mamas Liebling?

Hast du Geschwister? Bruder, Schwester? Mehrzahl? Gut, dann weißt du ja, wie das manchmal ist. Bist du der/die Erstgeborene? Dann stehst du definitiv auf meiner Seite. Zweites, drittes, viertes Kind? Prost, Mahlzeit. Grundsätzlich bin ich ein warmherziger, lieber und friedvoller Mensch. Das würden dir meine Freunde sofort bestätigen. Als ein gewisser Eindringling mir den Platz an Mamas und Papas Seite streitig machte, wurde ich jedoch zum kleinen Teufel. Du kennst sie vermutlich auch, die lästigen Plagegeister namens Geschwister! In meinem Fall war es, Gott sei Dank, nur einer – mein Bruder!

Gleich mal vorweg, mit beinahe 30 Jahren bin ich unheimlich froh, dass ich ihn habe. Gerne hätte ich noch ein paar mehr, aber … das ist eine andere Geschichte. Als ich im Jahre 1994 völlig überraschend diesen Zwerg neben mir liegen sah, wurde mir schmerzvoll bewusst, dass ich nun nicht mehr die Nummer Eins sein würde und verwandelte mich in Damien Thorne. Und was tut der Antichrist im Film? Er will alle loswerden, die ihm im

Wege stehen. Sobald mein Bruder seine kleinen Fingerchen aus seinem Bettchen streckte, biss ich zu. Wenn er mittags ein Schläfchen hielt, warf ich Spielzeug in seine Wiege. Ja, ich war ein eifersüchtiger kleiner Egoist. Aber, wie soll man das auch verstehen? Da bekommt man zwei Jahre lang die uneingeschränkte Aufmerksamkeit, ist der Star bei jedem Familientreffen, hat einen Ehrenplatz im Bett der Eltern … und Puff – mit einem Schlag alles vorbei. Das eigene Zimmer muss man sich teilen, die Spielsachen, das Essen, die Luft und … die Eltern! Scheinbar war ich nicht sehr erfreut über die Ankunft des neuen Erdbewohners, weshalb ich ihn, laut Erzählungen, mal tatsächlich von der Waschmaschine geschubst habe. Das war richtig heftig! Ich hatte dich vorgewarnt und bereits erwähnt, dass ich mich in den kleinen Satan aus *Das Omen* verwandelt hatte. Glaubst du mir jetzt? Zum Glück kam er heil und ohne Schäden davon. Sofern man das von einem Bruder oder einer Schwester überhaupt behaupten kann. Haha, kleiner Scherz!

Was soll ich sagen. Als Kleinkind kapiert man, glaube ich, kaum, was man da eigentlich tut und ich kann nur hoffen, dass es in meinem Fall wirklich so war, sonst würden mich meine Schuldgefühle zerfressen. Du denkst, dass sich die

Eifersucht irgendwann gelegt hat? Klar, … aber erst viele Jahre später. Von den liebevoll erzählten Anekdoten meiner Eltern und Großeltern weiß ich, dass ich immer versucht habe, meinen Bruder klein zu halten. Er konnte in meinen Augen nie irgendetwas richtig machen. Wenn ich mir heute Videos von früher ansehe, hätte ich mich am liebsten überfahren. Was war ich eigentlich für ein Arschlochkind? Mal ganz im Ernst? Lange war ich der Meinung, dass er die ganze Aufmerksamkeit unserer Eltern auf sich gezogen hat, dabei wollte er immer nur die meine. Ich, sein großer Bruder, hätte mit ihm spielen, seine Stunts bewundern, seinen Aufstieg in ein neues Level feiern, am Fußballplatz jubeln und Zeit mit ihm verbringen sollen. Ganz ehrlich? Ich fühle mich in diesem Moment gerade richtig mies. Und der Preis für den schrecklichsten Bruder aller Zeiten geht an …

Ein kleiner Trost ist jedoch, dass man als Kind ja im Endeffekt noch gar nichts wirklich kann oder weiß. Es ist unmöglich sich in einen anderen Menschen hineinzufühlen, empathisch zu handeln, aufopfernd zu geben, nicht egoistisch zu sein … oder beschreibt das nur mich? Bin ich der einzige Zehnjährige gewesen, der seinen kleinen Bruder gepiesackt hat, sobald sich ihm eine Chance geboten hat? Man könnte nun auch argumentieren: „*Na ja, der Marcel war auch nicht einfach. Seine Wutausbrüche, sein "Bitzln", seine grundsätzliche Abneigung gegen das Lernen und seine Spielkonsolensucht.*“ Stimmt schon, er war kein leichter Fall und meine Mutter hatte es mit zwei echt starken Persönlichkeiten zu tun. Warum aber um alles in der Welt wollte ich, dass mein Bruder noch weniger Selbstwertgefühl hatte als ich? Vielleicht, weil ich alles, was mich die anderen Kinder in der Schule spüren ließen, an meinen Bruder weitergegeben habe? So nach dem Motto: "*Wenn sie mich fertig machen, mach ich dich noch fertiger!*" Kinder sind ein Mysterium, nicht wahr?

Seltsam ist ja nur, sobald sich jemand anderes über meinen Bruder lustig machte oder ihm irgendwie doof kam, war ich … nicht wirklich zur Stelle, nein. Oder habe ich das vielleicht vergessen? Ich meine mich erinnern zu können, dass er mich stets verteidigt hat. Zumindest als die Beschimpfungen über meine Sexualität anfingen. Krass, oder? Da behandele ich ihn wie einen ungebetenen Gast, der ständig aus meinem Napf frisst und was tut er aus lauter Dankbarkeit über meine Erniedrigungen? Er verteidigt seinen Peiniger auch noch? Na, da soll nochmal einer sagen, Kinder seien keine Masochisten … oder in meinen Fall Sadisten.

Ich schien alles, und ich meine wirklich alles, an ihm zu kritisieren. Wie er gesprochen hat, was er gesagt hat, wann er es gesagt hat, was er getan hat, wie er es getan hat usw. Gott sei Dank wurden wir irgendwann älter und die Liebe zueinander stärker. Trotzdem hatte es da noch etliche nervenaufreibende Situationen mit ihm dazwischen gegeben. Er war aber echt auch kein einfaches Kind gewesen. Wenn er einen seiner Wutanfälle hatte, geschah es häufig, dass er den großen Schrank vor die Kinderzimmertür schob, sodass niemand mehr hineinkonnte. Zur Abwechslung wurden Mama und ich auch schon mal komplett ausgesperrt, indem er die Balkontür verriegelt hatte. Manchmal verbarrikadierte er sich auf dem Kleiderschrank, um uns deutlich zu machen, dass er dieses Spiel definitiv fertig spielen würde, egal ob Schlafenszeit angesagt war oder nicht.

Einmal hatte er es jedoch zu weit getrieben. Ich weiß nicht mehr genau, was der Auslöser gewesen war. Jedenfalls sperrte ich das Wohnzimmer zu, weil ich vermutlich fernsehen und er zocken wollte. Er kam nicht mehr herein und hämmerte so lange gegen die Glasscheibe, bis diese in tausend Stücke zersprang. Ein einziges Mal traute er sich auch, die Hand gegen meine Mutter zu erheben. Natürlich schlug er nicht zu, aber die Tatsache, dass er es darauf angelegt hatte, schockierte meine Mom und mich immens.

Wie es üblich bei uns war, wurde mein Vater kontaktiert, wenn es gravierendere Probleme zu bewältigen gab. An dieser Stelle muss ich erwähnen, dass die beiden es wirklich bravourös gemeistert haben, uns Kiddies zu erziehen. Es wurde relativ zivilisiert besprochen, ausgehandelt und beschlossen. Auch wenn meine Mutter immer eher diejenige war, die entschied, wo es langging. Aussagen wie: *„So wie schaut's aus jetzt? Da Marcel foat auf Sportwochn. Zoist du de Höfte, oder ned? Eigentlich stands da jo zua, schließlich is er a DEIN Kind. Und mit de Alimente allane kann i des ned finanzieren, nur dass das wast. D'Oma zoit eh a mit, oiso müsstest eh nur a Drittel übernehmen. Da kum i da eh scho wieder entgegen. Oiso, wos is jetzt? Host dei Gödtoschn mit? I muas des morgen zoin! Und übrigens, miassma uns wos einfoin lossn! In letzter Zeit draht er wega jeder Kleinigkeit durch. Gestern hoda wieder an Controller von da Playstation kaputt gschlogn."*

Wie mir scheint, habe ich sehr viel von meiner Mutter geerbt und mein Bruder dürfte vom Wesen mehr wie mein Vater sein. Nichtsdestotrotz haben es meine Eltern geschafft, dass wir Kids kaum etwas von den Zwistigkeiten der beiden mitbekamen. Vor der Scheidung sowieso nicht und danach auch nur in Maßen. Mein Bruder hatte an der Trennung aber länger zu knabbern als ich. Das liegt vermutlich daran, dass er immer sehr auf unseren Vater fixiert war. Die Wochenenden bei ihm waren eindeutig zu wenig für ihn gewesen. Sobald mein Bruder Eigentümer eines Handys gewesen war, wurde die Sache schon etwas leichter. Auch heute klingelt Papas Telefon mindestens dreimal am Tag. *„Sers, s'duastn? Jo ah, i hob beim Auto wos dau und jetzt geht's nimma. Kummst schnö? Jo jetzt, sunst kann i nochad ned ins Kino foan. Jo dua weida. Ma oida! Jo, dann foa i mit da Mama ihrem Auto. Bast scho, so tschüss!"*

Während unserer Pubertät entfernten wir uns voneinander. Er war der coole Mopedfahrer, ich der extrem arrogante Jugendliche. Die gespielte Überheblichkeit war natürlich reiner Selbstschutz, ansonsten hätte ich an meiner Schule nicht überlebt. Tatsächlich war ich anfänglich der Meinung, dass mein Bruder mit meiner Liebe zu Männern ein Problem hatte. Später stellte sich glücklicherweise heraus, dass es ihm völlig egal war.

Wir Brüder könnten auch nicht unterschiedlicher sein. Er derjenige, der brav eine Lehre machte, Freundinnen hatte, sich für Autos, Spielkonsolen und Handwerkliches interessierte – ich der Künstler, ständig auf der Suche nach neuen Herausforderungen, extrovertiert und mit einem Hang zur Dramatik. Auch in Sachen Gefühle sind wir wie Tag und Nacht. Da zeichnet sich wieder ab, dass mein Bruder einfach nach unserem Vater schlägt. Zwar weiß ein jeder, dass mein Bruder sehr wohl sensibel und warmherzig ist, er es aber nur selten nach außen trägt. Manchmal beobachte ich ihn, wenn wir von Weihnachten oder anderen wichtigen Traditionen sprechen, da bekommt er ganz große Augen. Auch das Familiäre ist ihm äußerst wichtig geworden. An dieser Stelle muss man wieder unsere Eltern erwähnen, die es beide grandios hinbekommen haben, dass wir ein wahnsinnig inniges Verhältnis zu unserer Familie haben. Die Tatsache, dass mein Bruder auch bei jedem Auftritt, jedem Musical, jeder noch so kleinen Kleinigkeit anwesend war und ist, zeigt mir, wie viel ich ihm in Wirklichkeit bedeute. Auch wenn seine Kommentare zu meinen Produktionen eher lasch ausfielen.

- *„Jo, na … füz lang.“*

- *„So a Schas."*
- *„Wieso hostn du scho wieder a Frau gspüt?"*
- *„I hob eh ned higschaut."*
- *„Hätt des lustig sei soin?"*

Er würde es niemals zugeben, schließlich wäre das ja kitschig, aber ganz tief im Inneren ist er stolz auf mich. Und ich bin auch stolz auf ihn. Mein Bruder hatte es nicht immer leicht. Trotzdem hat er es geschafft, ein aufrichtiger, lustiger, ehrgeiziger und pflichtbewusster Mann zu werden. Wenn er sich etwas in den Kopf gesetzt hat, dann zieht er es *(meistens)* auch durch. Als Kind war er sehr oft krank, hat sich ständig eine Gehirnerschütterung zugezogen, seine Zähne bei einem Fahrradsturz verloren, sich etliche Knochen gebrochen und wäre beinahe an einem Blinddarmdurchbruch gestorben. Wenn ich genauer darüber nachdenke, hatte es mein kleiner Bruder sogar schwerer als ich. Irgendwann legte ich mir ein sehr starkes Selbstbewusstsein zu. Er war von klein auf eher der Introvertierte, was sich glücklicherweise im Erwachsenenalter verändert hat. Heute ist er ein zielstrebiger und fürsorglicher, wenn auch teils sehr chaotischer Autofreak, der immer noch davon träumt,

Profizocker zu werden, auf Partys Cocktails mixt, mit Legolas Orks bekämpft, mich nebenbei hoffentlich bald zum Onkel macht und irgendwann seine eigene kleine Werkstatt führen wird.

Mein Bruder ist ein ganz besonderer Mensch und es war mir ein großes Bedürfnis, dies in meinem Buch festzuhalten und mit dir zu teilen. Denn auch wenn wir unsere Brüder und Schwestern manchmal durch den Fleischwolf drehen könnten, sind sie ein unersetzliches und wertvolles Geschenk. Ich finde es manchmal sehr traurig, wenn die Beziehung zu Geschwistern zerbricht, weil der eine oder die andere weniger geerbt hat. Derartiges werde ich niemals nachvollziehen können. Ist Geld wichtiger als die eigene Familie? Ich musste das schon öfter mitansehen. Schwestern reden seit dem Tod der Eltern nichts mehr miteinander, da die eine mehr Schmuck als die andere bekommen hat. Brüder streiten sich jahrelang und verklagen sich gegenseitig, weil der Vater dem älteren Sohn mehr Firmenanteile überschrieben hat. Ganze Familien zerbrechen, weil die Gier und das Ego eines Einzelnen die Liebe zu den Geschwistern überschatten.

Alles Materielle ist in keiner Weise damit vergleichbar, Menschen an seiner Seite zu haben, die einen schon ein ganzes Leben lang begleiten. Das sind zum einen Mutter und Vater, die aber im Normalfall irgendwann von uns gehen. Zum anderen sind es die Geschwister, mit denen man bis ans Ende verbunden ist. Sie treten vielleicht als lästige Plagegeister in unser Leben, reißen anfänglich die Aufmerksamkeit der Eltern auf sich, spielen mit uns, wenn die anderen Kinder nach Hause müssen, lachen über Insider die nur Geschwister verstehen, weinen mit uns, wenn die geliebte Urgroßmutter stirbt, stehen immer hinter uns und sind sofort zu Stelle, wenn wir mal nicht weiterwissen.

Geschwister sind ein Stück Kindheit, das für immer bleibt.

DU ISST KEIN FLEISCH MEHR?!

Mein Weg zu einem besseren Körpergefühl

Gleich mal vorweg, dieses Kapitel wird in keinster Weise Belehrungen, Kritik oder erhobene Zeigefinger enthalten. Da es in diesem Buch um meine Erfahrungen und Ansichten geht, bezieht das auch diese verändernde Entscheidung mit ein. Und nachdem wir uns schon mit diversen Themen, die uns zu einem besseren und gelasseneren Selbst führen, auseinandergesetzt haben, gehört unser Körper definitiv auch dazu. Ich möchte dir erzählen, wie ich zu einer Lebensqualität gefunden habe, die mir den Genuss am Essen und den Spaß am Kochen nähergebracht hat. Ich werde jedoch nicht zu sehr ins Detail der veganen Ernährung gehen. Hierzu gibt es viele grandiose Bücher, die alles beleuchten, was wichtig ist. Und das sollte man unbedingt beachten! Es muss einem klar sein, dass es einer gewissen Vorbereitungszeit bedarf, um zu wissen, was der eigene Körper an diversen Nährstoffen braucht, wenn man sich komplett vegan ernähren will. Wenn du also nach diesem Kapitel auf den Geschmack gekommen bist, freue ich mich und möchte dir die Bücher von **Niko Rittenau** empfehlen. Er ist quasi der Guru der rein pflanzlichen Ernährung. Mein Mentor ist aber jene Person, die seit Jahren zu meinen besten Freunden gehört. Und ich persönlich finde es ungemein wichtig, eine Ansprechperson zu haben, die einen stets mit offenen Ohren empfängt. Gerade am Anfang hat man viele Fragezeichen im Kopf, worauf man die Antworten womöglich nicht erst in einem Buch suchen will. Deshalb ist es sehr wertvoll einen geduldigen Menschen an seiner Seite zu haben, der sich bereits sehr gut mit der Thematik auskennt. Aber lass uns ganz vorne beginnen. (*Ich habe mich bewusst dagegen entschieden, das Wort Veganer zu verwenden, da ich nicht nur auf meine Ernährung reduziert werden möchte. Menschen sind keine Veganer, sie ernähren sich vegan. Gott, wie ich dieses Kategorisieren hasse. Als ob es den Homosexuellen, den Veganer oder die Raucherin gäbe. Irre!*)

Wie war das früher?

Essen hatte für mich nie eine besondere Bedeutung und wenig damit zu tun, dass ich die Nahrungsaufnahme mit Genuss in Verbindung bringen konnte. Klar, gab es nichts Besseres, als Popcorn mit Käsesauce oder eine schmackhafte Lasagne, aber grundsätzlich habe ich gegessen, weil ich Hunger hatte. Als Kind liebt man die Kochkünste der Eltern und insbesondere die der Omis.

Obwohl ich nie ein großer Verfechter des Fleisches war, gab es für mich nichts Befriedigenderes als eine Semmel mit Extrawurst. Als Pausenbrot, Abendessen oder Snack zwischendurch. Mit einer Extrawurstsemmel konnte man mir immer eine große Freude bereiten. Auch Knabbernossi, Streichwurst und Neuburger Leberkäse wurden gern verspeist. Bei den Hauptgerichten war ich eher der Hähnchen- und Putenfreund. Rotes Fleisch verzehrte ich lediglich in Form von Lungenbraten, Pasta Asciutta oder Braten. Wenn es bei unserer Oma Schnitzel gab, entschied ich mich für panierte Zucchini – die ich auch heute noch wahnsinnig gerne zubereite. Als ich vor etlichen Jahren mit meinem Exfreund zusammengezogen war, der, nebenbei erwähnt, gelernter Koch ist, beschränkten sich unsere Standardgerichte auf Spaghetti Carbonara, selbstgemachte Pizza, Schnitzel, Fleischlaibchen und Berner Würste. Ein bisschen abwechslungsreicher war es natürlich schon, aber du verstehst, worauf ich hinauswill. Mein früherer Partner ist ein sehr schlanker Kerl, der essen kann, was er will, ohne dabei Pfunde zuzulegen. Bei mir sieht die Sache gänzlich anders aus. Nachdem er oftmals bis spät am Abend arbeiten musste, gab es an manchen Tagen erst um zehn Uhr nachts etwas zu schlemmen. Was mir dann als

Rechnung auf der Waage präsentiert wurde. Und nicht nur das, ich hatte sehr oft dieses Völlegefühl und ständig Probleme mit meiner Verdauung. Deshalb wusste ich ab einem bestimmten Zeitpunkt, dass ich etwas ändern muss und das schleunigst!

Wie meine Freunde und Filme mir die Augen öffneten

Vor knapp drei Jahren haben sich meine beiden besten Freunde entschieden, auf rein pflanzliche Kost umzusteigen. Ihren Motivator und den ersten Bezug zum Veganismus fanden sie durch den Klimawandel und den positiven Aspekt der gesünderen Ernährung. Ich beobachtete sie dabei, wie sie ihren Alltag nachhaltiger gestalteten, um somit ihren ökologischen Fußabdruck zu verkleinern. Was Recycling und andere klimafreundliche Themen betraf, war ich schnell überzeugt und habe mir viele Tipps geben lassen, um auch selbst gleich mal etwas für die Umwelt und unsere damit verbundene Zukunft zu tun. Beim Essen sah es da ein wenig anders aus. Anfangs war ich skeptisch und konnte mir in keinster Weise vorstellen, auf Käse zu verzichten. Fleisch, okay – aber Käse?

Es war die Dokumentation **WHAT THE HEALTH** auf Netflix, die mir verdeutlichte, was in der Lebensmittelindustrie abgeht. Schon am nächsten Tag beschloss ich den Fleischkonsum erst mal zu reduzieren. Der Samen war gesetzt und ich musste mehr zu diesem Thema herausfinden. Da ich das Gefühl hatte, auf etwas aufmerksam geworden zu sein, was mein Essverhalten von Grund auf ändern könnte, zog ich mir alles rein, was ich finden konnte. **THE GAME CHANGERS, COWSPIRACY** und letztendlich den Schlachthausfilm **DOMINION**. Danach war es aus und vorbei! Ich war fertig mit den Nerven. Alle paar Minuten griff ich zum Taschentuch und ich hatte nach Beendigung des Filmes einen steifen Nacken, weil ich unentwegt den Kopf schütteln musste. Für mich war nicht einmal das Schlimmste, was mit den Tieren da drin geschieht, sondern die Brutalität und Gleichgültigkeit der Menschen. Ganz ehrlich, ich war am Boden zerstört und konnte von diesem Moment an, nicht mehr mit dem Wissen leben, was ich mit dem Verzehr von Fleisch unterstützte. Zumal mir auch jegliche Lust daran vergangen war. Seitdem ich weiß, was da passiert, ist es mir unmöglich, guten Gewissens in eine Extrawurstsemmel zu beißen. Es geht einfach nicht!

Erstmal vegetarisch?

Auf Fleisch und Wurst zu verzichten fiel mir nicht sonderlich schwer. Leider hatte ich mich mit der Thematik noch viel zu wenig auseinandergesetzt, um genau zu wissen, was ich jetzt anders machen musste. Mein Ernährungsplan sah wie folgt aus: Käse. Käse. Käse. Mein Hauptnahrungsmittel war Käse in allen Formen und Geschmacksrichtungen. Als Draufgabe am Brot, Bindeglied im Toast, verarbeitet in einer Sauce, überbacken auf der Pizza oder Häppchen zwischendurch. Meine Cholesterin und Triglyceride waren sogar höher als bei der letzten Analyse. Warum? Oh, ich weiß … es ist eben nicht nur das Fleisch.

Auch meinem Darm schien die erhöhte Zufuhr von verarbeiteter Milch nicht gut zu tun. Denn obwohl ich auf Hafermilch umgestiegen war, schienen das Schlagobers, die Crème fraîche, der Sauerrahm und der Käse immer noch zu unschönen Stunden auf der Toilette zu führen. Was nun? Schaffe ich es gänzlich auf tierische Produkte zu verzichten? Was ist, wenn ich zum Essen eingeladen werde? Kann ich dann erwarten, dass es für mich ein veganes Gericht gibt? Und was ist mit Restaurants, in denen es nur vegetarische Speisen gibt? Ist mir bewusst, wie viele Diskussionen ich mit meiner Familie damit heraufbeschwöre? Und kann ich mir das überhaupt leisten? Man hört ja des Öfteren, dass vegane Produkte viel teurer sind. Was tun, wenn ich dann nicht weiß, was ich essen soll? Tofu habe ich schon probiert und er schmeckt mir nicht. Wenn ich jetzt meine Ernährung umstelle, fange ich dann quasi bei null an?

Nein, man fängt nicht von vorne an. Zumal es tausende Gerichte gibt, die auch vegan super funktionieren. Meine Spaghetti Carbonara schmecken auch mit Erbsen und Champignons hervorragend. Dennoch dauerte es fast ein ganzes Jahr bis ich mich bereit fühlte, auf alles Tierische zu verzichten.

Mit winzigen Schritten zur fleischlosen Kost

Ich fing klein an, indem ich hauptsächlich Speisen mit viel Gemüse probierte. Dann kamen die veganen Alternativen zu den Milchprodukten. Und siehe da, Saucen, Suppen, Aufstriche – alles kein Problem. Darf man erwarten, dass es genauso schmeckt? Nein. Heißt das, dass es ungenießbar ist? Definitiv nicht. Gerade in den ersten Wochen habe ich meine Freunde und Familienmitglieder gerne bei jedem Kochversuch eine Portion unter die Nase gehalten. Wer hätte erwartet, dass ich bisher keine einzige Mahlzeit zubereitet habe, die ungenießbar war? Schnell kamen auch meine Oma und meine Mutter auf den Geschmack und erste Rezepte wurden freudig nachgekocht.

Mittlerweile gibt es in meiner Küche keine tierischen Produkte mehr und ich liebe es, ständig Neues auszuprobieren. Zu meinen Lieblingen unter den Inspirationsquellen gehören die Bücher von **Bianca Zapatka**, die es äußerst genial versteht, schnelle und delikate Gaumenfreuden zu kreieren.

Wie haben Freunde und Familie darauf reagiert?

Nun, wie bei allem, das nicht der Norm entspricht, wird man erst mal schief angesehen, verurteilt und belächelt. Nicht selten durfte ich mitanhören, wie sich gewisse Leute das Maul über mich zerrissen haben. *„Der hot doch jetzt an kompletten Vogel. Glaubt er, dass des gsund is? Na, der wird si anschaun. A Mensch muas Fleisch essen. Ois andere ist wieder nur a Modetrend. Wir ham immer Fleisch gessen und geht's uns schlecht?"* Viele konnten und wollten es schlichtweg nicht verstehen, aber wie heißt es so schön: **Essen und essen lassen.**

Anfänglich musste ich mir auch in meiner Familie vieles anhören. Ständig wurde mit den Augen gerollt, sobald ich den Raum verließ, wurde sich beschwert und beinahe bei jedem Familienessen musste dieses Thema mit der gesamten Familie besprochen werden. Auf die meisten Diskussionen ließ ich mich gar nicht erst ein. Als ich hin und wieder – ja, es war beabsichtigt – ein oder zwei Portionen zu viel gekocht hatte und meinen Verwandten einen Teller servierte, wurden die Stimmen langsam leiser. Und ich muss zugeben, dass meine Family mittlerweile sehr verständnisvoll und zuvorkommend ist. Ich habe in den letzten eineinhalb Jahren viele Gespräche geführt und auch, wenn sie es nicht ganz nachvollziehen können, akzeptieren sie es. Und das ist ja das Einzige, was ich will. Es wird auch tatsächlich immer einfacher. Zu Weihnachten probierte mein Vater zum Beispiel einen veganen Nussbraten mit Rotkraut und Kürbisknödeln. Klingt verdammt gut? Du kannst dir gar nicht vorstellen, wie außerordentlich lecker es geschmeckt hat.

Wie handhabe ich es, wenn ich nicht zuhause esse und welche Regel gelten für mich?

In meinen eigenen vier Wänden gibt es ausschließlich veganes Essen. Was ich auch aufgehört habe zu erwähnen.

Mittlerweile wissen das alle und ich finde es unsinnig, mich diesbezüglich überhaupt rechtfertigen zu müssen. Zumal es schon mehrmals vorgekommen ist, dass manche Gäste nicht wussten, welch deliziöse Leckerei ich da servierte. Im Nachhinein wurde das Rätsel aufgelöst und ihre Augen hatten sich geweitet: *„Was? Also, das hätte ich nicht gedacht. Das ist gar kein Fleisch? Seitan? Noch nie gehört, aber sehr lecker. Wirklich!"* Wenn ich zu Gast bei meiner Oma, Verwandten, Freunden oder in Gasthäusern speise, gilt vegetarisch – wenn es keine veganen Alternativen gibt. Die Anzahl der Angebote steigt täglich und ich freue mich darauf, wenn es künftig als "normal" gilt, rein pflanzliche Kost anzubieten. Bis dahin, will ich aber niemanden dazu zwingen, extra für mich zu kochen.

Ich gehöre auch nicht zu den Menschen, die andere in irgendeiner Weise belehren wollen. Jeder hat selbst zu entscheiden, was er seinem Körper zuführt. Natürlich gibt es auch jene, die alle Menschen davon überzeugen wollen, was richtig oder falsch ist. Da wird beim Geburtstagsessen auch schon mal mit dem Finger auf den Schweinebraten gezeigt und aufgeschrien. Ich für meinen Teil sehe es so: In den ersten 27 Jahren, habe ich keinen Gedanken daran verschwendet, was ich meinem Körper zuführe. Jetzt tue ich es. Bin ich deshalb besser als andere und muss mich als Moralapostel wichtigmachen? Nein. Nur weil sich meine Einstellung geändert hat, gibt mir das noch lange nicht das Recht, andere für etwas zu verurteilen, was ich über Jahre hinweg ebenfalls getan habe. Ich achtete kaum darauf, wo das Fleisch herkam, ob ich Eier von Freilandhühnern aß oder was in diversen Fertiggerichten enthalten war. Salopp gesagt, kam ich nicht einmal auf die Idee zu hinterfragen, was in meinem Inneren geschieht, wenn ich dieses oder jenes esse. Und ich persönlich finde es auch nicht richtig, andere für das eigene Essverhalten verantwortlich zu machen. Natürlich ist man als Kind von den Eltern und deren Gewohnheiten geprägt. Als Erwachsener kann man sich jedoch selbst damit befassen und herausfinden, was einem gut tut und was nicht. Es lässt sich auch darüber streiten, ob man uns absichtlich nichts in der Schule darüber beibringt. Ich kann mich zwar erinnern, dass Ernährung auf dem Lehrplan gestanden hat und wir uns irgendwann einmal einen Film über Käfighaltung hatten ansehen müssen, aber … keiner sagt dir, wie sich tierische oder andere Inhaltsstoffe auf unsere Gesundheit auswirken.

Ich muss auch auf nichts verzichten oder verbiete mir

etwas. Wenn ich an einem Samstagabend richtig Lust auf ein Stückchen Käse habe, dann genehmige ich mir das auch. Der kleine, aber feine Unterschied zu früher ist der, dass ich mich bewusst dafür entscheide, dieses Produkt zu essen. Ich weiß, wo es herkommt, weiß, wie es in meinem Körper reagiert und geißle mich nicht, indem ich mir irgendetwas verbiete. Es gibt keine vegane, vegetarische oder omnivore Bibel, wo genauestens angeführt ist, was man essen darf und was nicht. Das sollte jedem mittlerweile klar sein. Grundsätzlich ist wichtig zu verstehen, dass es keine Ernährungspolizei gibt. Heißt, dass mir niemals jemand über die Schulter guckt und meint: *„Also, das ist jetzt die Höhe. Sie haben sich gerade ein Magnum-Eis in den Mund geschoben? Wie können Sie es wagen? Sie stecken sich jetzt augenblicklich den Finger in den Hals.“* Jeder macht seine eigenen Regeln.

Was hat sich positiv für mich verändert?

Wir alle kennen es – dieses Völlegefühl. Ich habe es gehasst! Das Essen liegt schwer im Magen, man möchte sich am liebsten hinlegen und warten, bis alles verdaut wurde. Ganz ehrlich? Diese Probleme habe ich mittlerweile sehr, sehr selten. Da muss ich wirklich schon extrem reingeschaufelt haben oder bei Omi eine dieser wahnsinnig deftigen Mehlspeisen gegessen haben – die man so schwer ablehnen kann. Es scheint unseren Großmüttern das Herz zu brechen, wenn sie extra zu unserem Geburtstag Schneewittchen-Schnitten gemacht haben und man nur ein Stück davon isst. *(Ja, okay – die sind jetzt nicht übermäßig fett)* Lange war ich auch der Meinung, dass ich wohl laktoseintolerant sein könnte. Die Milch im Kaffee am Morgen ließ meine Eingeweide rumoren, die Rahmsuppe ebenfalls und wenn zu viel Schlagobers in der Sauce am Vorabend war, spielte mein Darm ein Requiem. Ungelogen! Meine Verdauung dankt es mir jeden Tag aufs Neue, denn ich schwöre, ich habe keine Beschwerden in der Polani Abteilung mehr. Mit der Laktoseintoleranz hatte das auch nichts zu tun. Ich bin halt einfach kein Kalb!

Außerdem fühle ich mich besser, seit ich aufgehört habe tierische Produkte zu essen. Daran führt kein Weg vorbei – das kann ich anhand meines Körpergefühls feststellen. Viele interessieren sich nicht dafür. Man kann es aber auch niemandem verübeln. Die Welt dreht sich immer weiter. Es gibt so viele äußere Einflüsse, die uns daran hindern auf uns selbst, unseren Körper und unser Bewusstsein zu hören. Stress, Leistungsdruck, zu wenig Zeit, zu viel Arbeit … daraus folgt, dass wir uns auch fürs Essen keine Zeit nehmen. Schnell in der fünf Minuten Pause eine Leberkäsesemmel reingestopft, um das Hungergefühl zu stillen. Abends die Makkaroni in die Mikrowelle, denn zum Kochen ist man zu ausgelaugt. Man isst, weil man essen muss. Dass die Nahrungsaufnahme ein Genuss sein kann, Menschen zusammenbringt, den Körper mit Energie versorgt und als bewusste Auszeit betrachtet werden kann – wird leider gerne vergessen.

Natürlich habe ich nicht jeden Tag Lust darauf, mich in die Küche zu stellen und etwas zu zaubern. Auch ich gönne mir manchmal vegane Nuggets bei Burger King. Aber seit ich beinahe 80% meiner Gerichte selbst koche, fühle ich mich einfach besser und habe für mich erkannt, dass ich keine anderen Lebewesen umbringen muss, um selbst überleben zu können. Es ergibt für mich schlichtweg keinen Sinn, dass ich Fleisch essen soll, obwohl ich tausend andere Möglichkeiten habe, meinem Körper das zu liefern, was er braucht. Wenn ich Eiweiß benötige, kann ich mir das in Form von Hülsenfrüchten und Nüssen holen. Und ich persönlich finde es viel anregender, wenn ich durch die Obst- und Gemüseabteilung spaziere. Frische Äpfel, saftige Tomaten, herrlich duftende Erdbeeren – eine bunte Vielfalt an frischen Schätzen, die uns Mutter Erde jedes Jahr aufs Neue schenkt. Gehe ich dann in die Fleisch- und Wurstabteilung, werden mir in Plastik verpackte Leichenteile präsentiert. Ja, okay … eine etwas krasse Wortwahl, aber eine Hähnchenkeule ist und bleibt ein Teil vom Bein eines Huhns.

Veränderung im kleinen Kreise

„Jo und glaubst du, wenn du jetzt ka Fleisch mehr isst, dass si do irgendwos verändert?" In den Köpfen der Erdbewohner ist ja dieser Gedanke verankert, dass ein Einzelner nichts bewirken kann. Was kann ich denn schon verändern? Zuallererst habe ich meinetwegen die Ernährung umgestellt. Ich tat es schlicht und ergreifend für mein eigenes Wohlbefinden. Sobald ich aber gemerkt habe, dass es mir dadurch viel besser ging, wollte ich natürlich auch meinen Liebsten zeigen, warum sie sich mit dem Thema Ernährung auseinandersetzen sollten. Es muss auch nicht sofort die ganze Welt sein, die man von der tollen Erfahrung unterrichtet. Sobald einem aber klar wird, dass man in seinem persönlichen Umfeld sehr wohl einen gewissen Einfluss haben kann, ändert sich dadurch auch dieser fest verankerte Gedanke. Ich selbst habe das häufig beobachten dürfen. Nicht nur beim Ausprobieren veganer Rezepte, sondern auch in ganz anderen Bereichen. Der

Mensch ist eben so programmiert, dass er sich gerne von anderen inspirieren lässt. In Sachen Kleidung, Alltäglichem, Essverhalten, Filme, Tipps und Tricks bekommt eine beachtliche Anzahl unserer Bekannten große Ohren.

- *„Ach, und du meinst, wenn ich mehr Obst und Gemüse esse, dass ich mehr Energie haben werde?"*
- *„Nein, wirklich? Ist der Streifen gut? Dann muss ich ihn mir auch ansehen."*
- *„Ich bekomme ständig Bauchschmerzen, wenn ich meinen Joghurt esse. Haferjoghurt? Noch nie gesehen. Du meinst, das soll ich probieren? Ja, wieso eigentlich nicht?"*
- *„In Waschmitteln sind Tierabfälle drin? Um Himmels willen, wieso wusste ich das nicht? Es gibt vegane Alternativen? Gut, dass du mir das sagst, da muss ich morgen gleich schauen, ob die das auch bei uns im Ort haben."*

Es ist eine Eigenschaft, die wir alle in unterschiedlich ausgeprägter Intensität besitzen – das Vergleichen mit unseren Artgenossen. Kann dies auch etwas Gutes sein? Natürlich. Wir holen uns ständig neue Ideen durch

Freunde, Arbeitskollegen und Familienmitgliedern. Solange man es nicht in ein Wettbewerbsdenken verwandelt, ist alles gut. Mir hat eben meine beste Freundin die Augen geöffnet und ich bin ihr unendlich dankbar. Ich glaube, es hat damit angefangen, als ich gesehen habe, dass sie keine Plastiktüten mehr kauft. Nachgefragt, Erklärung erhalten, darüber nachgedacht. Zum ersten Mal etwas Veganes gekostet, Erklärung erhalten, darüber nachgedacht – verstanden. Durch sie hat sich mir eine völlig neue Welt eröffnet. Die Welt zu einem bewussteren Leben. Klingt kitschig, ist aber so.

Und nein, ich alleine werde es wohl nicht schaffen, alle Massenproduktionen, den Klimawandel oder die Gier der Menschheit zu stoppen. Aber ich unterstütze diese Dinge zumindest nicht mehr, indem ich nichts Tierisches kaufe. Auch wenn mein Konsum nur ein winziges Staubkörnchen im Vergleich zum Weltmarkt ist, hat er sich dennoch ausgewirkt. Die drei, vier Hähnchen, die ich im Jahr gegessen habe, isst nun vermutlich ein anderer. Aber dadurch, dass ich viel mehr pflanzliche Produkte kaufe, wissen das die Lebensmittelspione, die täglich unser Kaufverhalten analysieren. Seht her – ich kaufe nur pflanzliche Produkte. Möget ihr rasch besseren Tofu erfinden!

Ich hoffe, ich konnte dir mit diesem Kapitel ein bisschen näherbringen, warum und weshalb ich meine Ernährung umgestellt habe. Das Jahr 2020 war ein einzigartiges Jahr. Viele neue Herausforderungen standen plötzlich vor der Tür. Für mich persönlich war es ein Jahr der Veränderung. Nicht nur im Bezug auf meine Ernährung, meinen Alltag, meine Einstellungen, meine Überzeugungen – sondern auch in Sachen Bewusstsein, Lebensgefühl und Eigenverständnis. Wer bin ich? Was mache ich? Wofür stehe ich? Wo möchte ich hin? Was will ich ändern? Wie will ich mich fühlen? Insbesondere die letzte Frage war ganz wichtig. Und diese konnte mir meine Ernährung beantworten. Seither fühle ich mich freier, leichter, energiegeladener und ausgeglichener.

Vielleicht nimmst du dir ja auch mal die Zeit, dir diese Fragen zu stellen. Findest du auf jede auch eine Antwort? Wenn ja, wie sieht diese aus und was müsstest du verändern, um dorthin zu gelangen? Was macht dich unglücklich? Wie ist deine Beziehung zu deinem Körper? Magst du ihn? Fühlt er sich gut an? Hörst du auf ihn? Erkennst du die Signale?

Es ist äußerst spannend, mal konkret darauf zu achten, was uns unser Körper und unsere inneren Organe mitteilen wollen. Ich denke, dass wir gesündere Menschen wären, wenn wir öfter die Augen schließen, in uns hineinhören und achtsam lauschen würden, was da in uns vor geht. Nicht nur im Bezug aufs Essen. Auch Gefühle, Probleme und Ängste können wir viel besser analysieren und aus dem Weg räumen, wenn wir auf uns und unser Bewusstsein hören. Denn nicht nur eine ausgewogene Ernährung verhilft uns zu einem längeren und gesünderen Leben, auch unsere Psyche, die meiner Meinung nach für eine große Anzahl an Krankheiten verantwortlich ist, trägt dazu bei, dass wir uns besser fühlen. Und sind wir einmal ehrlich, wer möchte nicht morgens aufwachen, energiegeladen in den Tag starten, einer Arbeit nachgehen, die Spaß und glücklich macht, lecker essen, eine schöne Zeit mit geliebten Menschen verbringen und abends friedvoll mit dem Gedanken einschlafen, dass man dankbar für dieses Leben ist … dafür aber kein anderes nehmen musste. Herrlich, oder?

KOPULATIONSRELEVANT

Dreißig ist das neue Zwanzig

WARNING: Sarkasmus, Vorurteile und Zynismus enthalten.

Da wachst du eines Morgens als 29-jähriger Single auf und fragst dich: „Was zum Teufel ist denn da passiert?“ Als ich mit Zwanzig meinen Exfreund kennenlernte, standen mir alle Türen offen. Also grundsätzlich ist das in all den anderen Bereichen immer noch so, aber was die Männersuche betrifft – fraglich. Erst kürzlich habe ich mich mit einem sehr netten Freund von mir unterhalten, der … **ACHTUNG** – 16 Jahre alt ist … und auch wenn es scherzhaft gemeint war, hat er mir des Öfteren das Gefühl gegeben, dass ich alt wäre. Gut, in seinen Augen mag das vielleicht so sein, aber gehört man ab Ende Zwanzig zum alten Eisen? Ist es schon zu spät sich neu zu erfinden, wenn einem der dreißigste Geburtstag zuwinkt? In der heterosexuellen Liebe werden die Männer mit dem Älterwerden angeblich interessanter. Bei zwei Kerlen ist dem allerdings nicht so. Je älter man wird, desto mehr hat man dem Idealbild eines Adonis zu ähneln. An dieser

Stelle muss wohl erwähnt werden, dass ich hier rein aus meiner eigenen Erfahrung sprechen kann – falls du, lieber Leser, liebe Leserin, ganz andere Erfahrungen gemacht hast, bitte erzähle mir davon. Es ist kein Geheimnis, dass bei diversen Christopher-Street-Days gerne erwähnt wird, wie sehr wir uns doch alle lieben, wie toll die Community zusammenhält und dass jeder so akzeptiert wird, wie er ist – weit gefehlt! Das war vielleicht in den 70er Jahren so. Heute muss man ein Sixpack haben, um überhaupt registriert zu werden. Natürlich gibt es für jedes Angebot auch eine Nachfrage – Daddy sucht Twink *(Älterer Herr sucht sehr jung aussehenden Burschen über 18)*, Bear4Bear *(haariger Mann sucht anderen haarigen Mann)* oder Heterolike *(Mann, dem man niemals ansehen würde, dass er homosexuell ist)*. Nur um ein paar Beispiele zu nennen. In der breiten Masse geht man jedoch unter, wenn man nicht zumindest einem gewissen Typus entspricht. Und in der Regel ist es häufig so, dass die Kerle, die man selbst attraktiv findet, einen nicht mal mit ihrem Hinterteil ansehen. Tragisch, aber wahr. Dem einen ist man zu klein, zu haarig, zu alt, zu jung, zu weit weg, zu verrückt, zu extrovertiert oder … zu normal! Wer mein erstes Buch **LOVELAND** gelesen hat, weiß, dass ich dieses Wort aus meinem Wortschatz verbannt habe. Ein durchschnittlicher Mann, wie ich es bin, … ja gut, man(n) könnte jetzt noch einige Äußerlichkeiten und Charaktereigenschaften bemängeln. Für einen Normalo habe ich zu lange Haare, bin zu ausgefallen angezogen, beruflich zu künstlerisch, zu offenherzig, zu nachdenklich usw. Natürlich ist mir bewusst, dass ich mit meinem Exfreund, den wohl verständnisvollsten und belastbarsten Menschen kennengelernt habe. Keine zwei Minuten würde ich es mit meinem Zwilling aushalten. An dieser Stelle nochmal ein großes Chapeau an ihn. Doch was ist es, das die Männer heutzutage suchen?

Aus meinem Pool an Erfahrungen kann ich behaupten, dass eine Vielzahl an sehr attraktiven, muskulösen und gutaussehenden Typen noch kritischer ist, als die meisten Promiexperten. Okay, wir bedienen uns nun für ein paar Sätze eines unverzeihlichen Schubladendenkens und kategorisieren gewisse Typen von Männern. Nennen wir es ein Experiment.

Da hätten wir zum einen die schon erwähnten gutaussehenden Kerle – wir betiteln sie die **Instamodels**. Man sieht ihr Profilbild auf einer Datingplattform und fragt sich: *„Ist dieser Typ echt oder ein Fake?“* Bei mehr als der

Hälfte trifft zweiteres zu. Aber dazu kommen wir später. Diese Instamodels sind braungebrannt, wunderschön anzusehen, verbringen ihre Freizeit mit Fitness und Hanteltraining, lächeln unwiderstehlich in die Kamera und … verzichten auf Intelligenz und Eloquenz. Noch einmal, ein gewisses Maß an Satire ist in solch einem Kapitel erlaubt, oder?

Stiftung Daniels Männertest hat ergeben, dass die Instamodels leider in vielen Fällen nicht einmal fähig sind, eine unverbindliche Kommunikation zu führen. Grammatik ist ohnehin ein Fremdwort und wenn man nicht selbst eines dieser Zahnarzt-Werbungs-Gesichter hat, bekommt man gar keine Antwort. Zumal auch gerne in der ersten Nachricht geschrieben steht: *„Treffen jetzt?"* oder die direktere Variante: *„Ficken?"* Kein Hochachtungsvoll, dein Instamodel, kein *„Hi, wie geht's?"* oder *„Schwanzgröße?"* Ja, ich habe gerade an meinem Glas Wein genippt und bin verzweifelt.

Nach den Instamodels gibt es die **Twinks**, das ewige Mysterium. Mag man als Mittzwanziger noch der erfahrene Playboy sein – ist man mit neunundzwanzig ein Greis. Die einen suchen entweder *Boys* in ihrem Alter, Instamodels oder einen Daddy. Da ich keines von diesen Dreien bin und ich nicht wirklich auf diese Jungspunde stehe, fällt diese Kategorie für mich ebenfalls weg. Außerdem muss man bei Twinks, die angegeben haben, dass sie volljährig sind, vorsichtig sein … sehr vorsichtig! Nur ein kleiner Tipp am Rande.

Weiter mit den Männern in meinem Alter – die **Beziehungssuchenden**. Es versteht sich, dass es auch hier wieder Ausnahmen gibt, aber Typen Ende Zwanzig dürften das unüberwindbare Bedürfnis nach einer festen Bindung haben. Vermutlich, weil alle heterosexuellen Freunde bereits verheiratet sind und Kinder in die Welt gesetzt haben. Hoppla, beinahe wäre auch ich diesem Gruppenzwang zum Opfer gefallen. Da war ich gerade noch derjenige mit der längsten Beziehung, während alle anderen schon einen Ring am Finger trugen oder frischgebackene Eltern waren – Schwupps bin ich einer der letzten Singles. Es bedarf viel Mut, Kraft und Eigeninitiative sich dem gesellschaftlichen Idealbild eines menschlichen Lebens zu verweigern. Auch ich gehörte zu denjenigen, die – ich will es eigentlich gar nicht erwähnen – mehrmals mit der Vorstellung spielten, endlich Nägel mit Köpfen zu machen. *„Ja, alle führen erwachsene Beziehungen. Ich* *bin seit über acht Jahren mit meinem Freund zusammen, es passt ja alles. Andere sind die Hälfte unserer Zeit liiert und heiraten demnächst. Sollte ich deswegen auch? Vielleicht bessert sich dadurch unsere Beziehung?"* Halt, Stopp! Ich habe einfach mal rigoros den Bus von *„Beziehungsburg-Ehepommern"* nach *„Sankt-Single im Weintal"* genommen. Prost!

Versteh mich nicht falsch, es ist schön, wenn man in meinem Alter das Bedürfnis hat, sich binden zu wollen. Wenn der Partner stimmt, dann wäre ich der Letzte, der sich dagegen wehrt. Aber warum zum Teufel, muss man dermaßen verbissen nach einer ernsthaften Beziehung suchen? Alles was mit dem Wort **Zwang** und **Muss** zu tun hat, ist meines Erachtens nach von Vornherein zum Scheitern verurteilt. Aber … mein Gott, auch die Beziehungssuchenden müssen existieren. Ich für meinen Teil suche gar nichts und lasse alles auf mich zukommen. Hat beim letzten Mal auch prima funktioniert – et Voilà, achteinhalb Jahre Partnerschaft.

Weiter geht es mit den **Daddys** – eine ganz heikle Kategorie. Von *Taschengeld-Spendierer* über ungeoutete Familienväter bis hin zu Kuschelköder – alles dabei. In den seltensten Fällen erwischt man einen bodenständigen, charmanten Gentleman mit Niveau und Klasse. Bei den Daddys ist vor allem für die Twinks ein ganz großes Ausrufezeichen vermerkt. Die netten Herren nutzen die naiven und teils unerfahrenen *Boys* auf schamlose Art und Weise aus und das kann tierisch in die Hose gehen. In dieser Altersklasse sind vor allem auch die Fakes *(Menschen, die sich als jemand anderer ausgeben)* sehr verbreitet. *(Eine lustige Anekdote zu diesem Thema findest du in meinem vorherigen Buch* ***LOVELAND*** *mit dem Titel: „Das Messer unterm Geschirrtuch")*

Nun gäbe es noch eine riesige Anzahl an weiteren Kategorien, die den Rahmen dieses Buches wohl sprengen würden. Rein informativ hier noch eine kurze Auflistung:

- die **Künstler** – Sänger, Schauspieler, Tänzer, Maler, Filmstudenten usw. Hierbei könnte man sich denken: *„Hm, würde zu Daniel passen"* - grundsätzlich ja, nur leider habe ich auch hier die Erfahrung gemacht, dass zwei extrovertierte Exemplare, welche in dieser Szene sehr verbreitet sind, eher schlecht zusammenpassen. Rivalitäten, Machtkampf usw. Es sei denn, man hat das Glück, meine beiden besten Freunde zu sein. Keine

Ahnung, welchen Glückskeks die gefressen haben, um sich zu finden, aber sie sind auch die einzigen Zwei, die ich kenne, bei denen es funktioniert. Möge euer Glück ewig währen.

- die **Bluetoother** – liebevoll von mir benannt. Andere würden sie vermutlich als „*Schlampen*“ bezeichnen, aber dieses Wort empfinde ich als verletzend, da meiner Meinung nach nichts dagegen spricht, wenn man sich ausleben möchte. Bluetoother deshalb, weil sie sich mit jedem verbinden, der in Reichweite ist. Kann auch ab und zu ganz spaßig sein, aber für schnellen Sex bin ich nur zu haben, wenn es sich spontan ergibt. Im Vorhinein geplante Vögeleien sind für mich der absolute Abturner. Ich verbinde mich zwar auch gerne mit Menschen, aber auf Basis der Anziehung. Es gibt nichts Schöneres, als dieses Gefühl zu verspüren, wenn es knistert. Wenn man sich aber noch nicht so ganz sicher ist, ob man den ersten Schritt wagen soll. Bei Sexdates weiß man, worauf es hinausläuft, was nur bedingt erotisch und aufregend sein kann.

- die **Möchtegern-Heten** – eine ganz sonderbare Gruppierung. Ein Mann, der in seiner Statusmeldung stehen hat „*nur Heterolike*" müsste das meiner Meinung nach noch weiter ausführen – zumal das Wort „*heterolike*" auch sehr breit gefächert ist. Gibt es diesen einen Heteromann? Und wenn ja, bezieht sich das aufs Aussehen oder seinen Charakter? Ja, nein – grundsätzlich ist mir schon klar, was gemeint ist. Aber *heterolike* … heißt das jetzt, ein bisschen hetero, also nicht tuntig und am besten muskulös – oder jemand, dem man niemals im Leben ansehen würde, dass er auf Männer steht? Was auf mehr als nur die Hälfte aller Homosexueller zutrifft. Bloß in Fernsehserien und Filmen picken sie irgendwie immer die mit den am meisten zerstörten Handgelenken raus. Und wenn dann mal ein Typ dabei ist, der eben diesem Erscheinungsbild nicht entspricht, ist er mit einer Frau verheiratet und hintergeht sie mit Strichern. Was ja auch gaaaaar kein Klischee ist. Natürlich kommt mit meinen neunundzwanzig Jahren meine innere tuckige Fee nur noch selten zu Besuch und ich würde behaupten, dass ich im Vergleich zu meiner Teenagerzeit viel ruhiger geworden bin, aber als *heterolike* würde ich mich definitiv auch nicht bezeichnen.

- die **Exotischen** – hierbei handelt es sich um Menschen anderer Ethnien. Für mich genauso interessant wie jeder andere – aber leider gibt es auch in dieser Kategorie eine verbreitete Anzahl, die nur ihresgleichen suchen.

- **Opas, Hardcore-Fetischisten** und **Gruppensexliebhaber** – zu alt, zu krass, zu gefährlich/anstrengend.

Nun, das war meine kurze, jedoch viel zu oberflächliche und verallgemeinernde Zusammenfassung der Männer, die auf Datingseiten unterwegs sind. Was zeigt uns meine Auflistung? Dass es mittlerweile schwierig ist, jemanden zu finden, mit dem man sich ganz unverbindlich mal zum Kennenlernen bei einem Spaziergang verabreden kann. Denn ich suche weder händeringend nach der nächsten Beziehung, noch möchte ich ein vorausgeplantes Techtelmechtel, oder Gruppensex mit Taschengeld bezahlenden Daddys, die mich vor der Tür stehen lassen, weil sie eigentlich heterolike gesucht haben. Auf eine einsame Samstagnacht mit Netflix und Weißwein.

DER GESUNDE EGOISMUS

oder etwas mehr Selbstliebe, bitte!

Weshalb gilt es als egoistisch, sich selbst auf das oberste Podest zu stellen? Wir kommen allein auf diese Welt und verlassen sie auch ohne Begleitung. Warum fällt es uns also so schwer, uns selbst glücklich zu machen? Wer hat behauptet, dass wir unser fehlendes Teil in einem anderen Menschen suchen müssen? Und vor allem, wer sagt, dass uns etwas fehlt?

In meinen Augen ist jeder unausweichlich vollkommen. Veränderungen und Entwicklungen miteingerechnet. Ein Partner kann das Sahnehäubchen sein, welches unserem Leben einen zusätzlich süßen Geschmack verleiht. Ein anderer Mensch ist jedoch nicht dafür verantwortlich, dass wir glücklich sind. Oder anders gesagt, wir selbst sind unser stetiger Begleiter, also sollten wir verdammt nochmal gut mit uns auskommen. Es ist doch so, jedem von uns wird eingetrichtert, dass wir irgendwann Mann/Frau, Haus und Kinder haben sollten. Was passiert, wenn wir erstens als Mann keine Frau, sondern einen Mann an unserer Seite haben wollen, für Kinder keine Zeit haben und es bevorzugen in einer preiswerten Wohnung zu leben? Obacht, das könnte die Träume unserer Eltern erschreckend nahe in die Atmosphäre der Albträume katapultieren. Und wieder sind wir bei dem schon oftmals erwähnten Problem angelangt namens: Gesellschaft und Normen.

Wie in einem vorigen Kapitel erwähnt, sind es die Meinungen und Erwartungen anderer, die uns manchmal vorschreiben, wie wir unser Leben zu führen haben. Es gehört sich schließlich, dass man einen guten Job, eine Familie und ein ansehnliches Heim präsentieren kann. Zusätzliche Wertanlagen und Prestigehabseligkeiten sind natürlich auch gerne gesehen. Gut, dann nehmen wir mich mal als Beispiel. Ich habe zurzeit keinen Partner und besitze keine eigene Wohnung oder ein Haus, da ich bei meiner Großmutter im Erdgeschoss wohne. In den Augen vieler habe ich keinen richtigen Job. Schließlich ist Künstler zu sein kaum ertragreich und ein unreifer Glaube an etwas, das sowieso zum Scheitern verurteilt ist. Ich habe kein Auto, keine besonders hohen Rücklagen und lege keinen Wert auf teure Klamotten oder andere Habseligkeiten, die den Anschein erwecken könnten, ich sei ein erfolgreicher Businessman, der allen zeigen will, wie viel Kohle er verdient und wie sehr er es genießt, sich alles leisten zu können, obwohl er damit die Unzufriedenheit, den Kummer, die Selbstzweifel und den Mangel an erwiderter Liebe nicht wettmachen kann. Langer Satz!

Ich persönlich habe im letzten Jahr sehr viel über mich und mein Umfeld gelernt. Dabei ist mir aufgefallen, dass ich trotz meines bereits sehr unkonventionellen Lebensstandards, häufig versucht habe, anderen gerecht zu werden. Ich wollte den Erwartungen derer entsprechen, die mich ohnehin nicht für voll genommen haben. Manchmal aus Pflichtgefühl, manchmal aus Mitleid:

- *„Ja, nun ist sie schon so enttäuscht von mir gewesen, weil ich sie zu dem Konzert nicht begleitet habe – da kann ich jetzt nicht* **nicht** *mit zu dieser Veranstaltung gehen."*
- *„Dann suche ich mir eben eine Teilzeitanstellung. Wenn meine Cousine dann besser schlafen kann!"*
- *„Klar, kann ich dir das Video schneiden. Es ist ja selbstverständlich, nachdem ich der Einzige in deinem Freundeskreis bin, der sich damit auskennt. Oh, wie sieht's aus, du arbeitest bei einer Fluggesellschaft, könnte ich nächste Woche gratis nach New York fliegen?"*

Es ist ein langer Weg von *"Ich mache meine Eltern stolz, indem ich ihren Vorstellungen entspreche"* bis hin zu *"Ich kann meine Eltern auch stolz machen, indem ich mein eigenes Ding durchziehe"*. Mama und Papa sind ja die ersten Menschen, die uns etwas beibringen. Wenn wir eine Sache toll gemacht haben, werden wir gelobt. Wenn wir etwas nicht so gut gemacht haben, werden wir getadelt. Dieses Denken übernehmen wir im Laufe unserer Kindheit: *„Okay, wenn ich brav bin, dann bekomme ich Anerkennung. Dann fühle ich mich wertgeschätzt und gesehen."* Durch diese Art von Erziehung lernen wir, dass wir den anderen gefallen müssen, um Lob zu erhalten, was uns letztendlich ein gutes Gefühl gibt. Deshalb tun wir alles, um mehr davon zu bekommen. Der Samen ist gesät und wir lassen ihn in uns keimen, sodass wir irgendwann unser Selbstwertgefühl von anderen abhängig machen. Dieses Spiel geht bis ins Erwachsenenalter weiter. Wir lechzen nach Bestätigung. Es fühlt sich gut an, wenn der Chef uns mitteilt, dass wir der fleißigste Mitarbeiter sind. Wir hören es gerne, wenn unsere Besties sagen, dass wir tolle Freunde sind, da man alles von uns haben kann. Wir freuen uns über den ersten Platz beim Tennisturnier, da wir es genießen, den Applaus einzuheimsen. Wenn man dieses Denken nicht irgendwann ad Acta legt, endet man als Workaholic, der es all seinen Freunden recht machen will, der nur noch den Sieg vor Augen und keine Zeit mehr für sich selbst hat. Man vergeudet wertvolle Jahre, die man definitiv anders nutzen könnte. Überspringen wir die anderen und konzentrieren wir uns lieber gleich auf uns selbst.

Wie lange das dauert? Nun, das hängt ganz von dir ab. Ich habe es zum Beispiel erst letztes Jahr wirklich verstanden. Seit ich auf der Bühne stehe, gibt es dutzende Menschen, die mir immer und immer wieder tolle Ratschläge gegeben haben. Natürlich hatten diese Personen keine bösen Absichten, aber wenn man zu sehr auf die Geschmäcker anderer Rücksicht nimmt, weiß man irgendwann nicht mehr, was man selbst will. Da meint die liebe Tante: *„Also Balladen sind dein Ding. Ich bekomme jedes Mal Gänsehaut. Du solltest bei deinem nächsten Casting unbedingt etwas Langsames singen.“* Dann kommt die beste Freundin: *„Ich an deiner Stelle würde ein Medley präsentieren. Du bist so vielseitig und hast nur zwei Songs zur Auswahl. Du musst all deine Facetten bestmöglich auf die Bühne bringen.“* Vielleicht kommt nach dem Auftritt ein Produzent auf dich zu: *„Also Ihre Stimme ist toll, aber Sie sollten definitiv weg von diesen Lady Gaga Songs. Damit können Sie nicht zeigen, wie viel Talent Sie haben. Ich hätte da ein paar Ideen,* *wie Sie eine Vielzahl an Zuseherinnen und Zuseher in ihren Bann ziehen können."*

Da stehe ich nun – unsicher und verängstigt. Welche Tipps soll ich denn jetzt annehmen? Wenn ich eine Ballade singe, könnte es sein, dass die Leute es langweilig finden. Wenn ich ein Medley zum Besten gebe, meinen manche, ich sei eine Extrawurst. Lady Gaga Songs machen mir unheimlich viel Spaß, aber damit kann ich nicht ausreichend zeigen, was ich kann. Was nun? Man sagt nicht ohne Grund: **Zu viele Köche verderben den Brei.** Die Lösung? Man kann sich ohne weiteres anhören, was Freunde, Familie und Co. gerne zu kritisieren haben. Letztendlich liegt die Entscheidung aber bei uns. Es ist unmöglich, jeden Geschmack zu treffen. Also sollten wir den Aufwand auf ein Minimum begrenzen und es nur einer einzigen Person recht machen – uns selbst.

Ich arbeite schon sehr lange daran und bin immer noch nicht gänzlich von diesem Denken abgekommen.

- *„Nein, Daniel! Du kannst es uns doch nicht antun, dass du bei diesem Musical* NUR *Regie führst. Wir wollen dich auf der Bühne sehen!"*

- *„Die Youtube Videos in letzter Zeit finde ich gar nicht lustig. Wo ist denn Ruth Fuchsberger plötzlich hin?“*
- *„Spiel Norman Desmond wieder! Das war die beste Rolle, die du jemals auf der Bühne verkörpert hast. Die Figur liebt jeder! Da bist du der absolute Publikumsliebling.“*

Darf ich ehrlich sein? Es ist salopp gesagt, scheiß anstrengend. Manchmal wusste ich überhaupt nicht mehr, was ich eigentlich wollte. Wer bin ich als Künstler? Wer bin ich als Mensch? Sobald man sich damit beschäftigt, was man selbst will, fühlen sich die anderen teilweise auf den Schlips getreten. Man gilt plötzlich als arrogant oder überheblich.

Sorry, aber wer diese Meinung vertritt, hat in meinem Leben keinen Platz. Warum bin ich plötzlich arrogant, nur weil ich mich auf mich selbst konzentriere? Bin ich wirklich hochnäsig, weil ich mich zwar darüber freue, wenn jemand meine Musicals feiert – aber keine Lust habe, ständig das zu tun, was andere von mir erwarten? Mit Sicherheit nicht. Man fühlt auf einmal diese extreme Erleichterung. Der Druck lässt nach und man kann durchatmen.

Es gab tatsächlich eine Zeit, in der ich vor lauter Projekte nicht mehr wusste, wo mir der Kopf stand. Mindestens einmal in der Woche ein Video für YouTube drehen, schneiden und hochladen, täglich Instagramfotos auf meinem Künstler- und Autorenaccount posten, am aktuellen Buch weiterschreiben, Theaterproben vorbereiten, Stücke schreiben usw. Ich empfand einen Tag, an dem ich nichts Produktives getan hatte, als Verschwendung und setzte mich selbst dermaßen unter Druck, dass ich es kaum ertragen konnte, mal für ein, zwei Stunden vor dem Fernseher zu sitzen und nichts zu tun. Spätestens beim Einschlafen geisterten folgende Gedanken durch meinen Kopf: *„Okay, heute hast du rein gar nichts geschafft. Morgen stehst du dafür zeitig auf, bereitest gleich mal die Probe für Donnerstag vor. Dann musst du unbedingt ein neues Cover aufnehmen! Der aktuelle Song von P!nk ist gestern erschienen. Wenn du schnell bist, kannst du genügend Aufrufe gleich am ersten Tag generieren. Das heißt, du erreichst mehr Menschen und somit mehr Aufmerksamkeit. Du solltest dir außerdem überlegen, welche Gags du bei der Show am Samstag präsentierst. Schließlich bist du jetzt schon zwei Jahre beim Dinner-Varieté und hast deine Rolle immer noch nicht zu 100% intus. Oh, und bitte vergiss ja nicht, dass du morgen unbedingt die erste Episode der neuen Serie fertig schreiben musst. Die Leute warten schon!“*

Ich war echt kurz davor alles hinzuschmeißen. Jede Kleinigkeit hat mich an den Rand eines Nervenzusammenbruchs getrieben. Und dann muss man sich auch noch anhören: *„Ach, du weißt gar nicht was richtige Arbeit ist. Du sitzt den ganzen Tag zuhause. Das bisschen Schreiben und Video schneiden kann nicht so anstrengend sein. Du übertreibst mal wieder!"* und Stopp! Aus Ende. Das war's. Von jetzt an werde ich nur noch das tun, worauf ich Bock habe. Scheiß egal, ob andere darauf warten, dass ich wöchentlich ein Video hochlade. Ich will bei dem Theaterstück nur Regie führen? Dann mach ich das. Heute steht mir der Sinn nach einem ganzen Nachmittag in der Sonne? Buch geschnappt, Liege aufgestellt, Sonnenbrille auf und tschüss Welt.

Bin ich seither weniger produktiv? Im Gegenteil. Nachdem ich für mich diesen Entschluss gefasst habe, kann ich viel entspannter und gelassener an meine Arbeiten gehen. Klar, setze ich mich manchmal selbst unter Druck, aber nur, weil ich das will. Ich setze mir das Ziel, bis Ende Juni mein Buch zu beenden. Ich habe Bock, ein paar TikTok Videos zu drehen. Wow, seit zwei Wochen kein neues Bild auf Instagram gepostet? Wen kümmert's?

Werden sich manche Menschen verabschieden, wenn wir nicht mehr nach ihrer Pfeife tanzen? Mit Sicherheit. Sind es manchmal die Personen, die wir vielleicht als unsere engsten Freunde empfunden haben? Vielleicht. Leider werden gutmütige Menschen gerne ausgenutzt und merken das erst relativ spät bis gar nicht. Kommt die Erleuchtung, beginnt man zu hinterfragen, wie aufrichtig diese Person in all den Jahren tatsächlich war. Deutet es darauf hin, dass man in dieser Freundschaft nur gegeben und selten etwas zurückbekommen hat? Gut, dass wir diese Person los sind. Man glaubt gar nicht, wie viele Menschen das Interesse an einem verlieren, wenn man sich nicht mehr alles gefallen lässt. Dann soll diese Person eben der Meinung sein, dass man den Verstand verloren und sich zu einem selbstverliebten Idioten entwickelt hat. Damit kann ich leben. Denn die Meinungen anderer sind mir nicht mehr so wichtig und mir geht es gut damit.

Ich kann mich selbst glücklich machen. Wie? Indem ich meine eigenen Ziele verfolge und diese aus eigener Kraft erreiche. Freue ich mich über Zuspruch und Komplimente? Klar! Aber ich lasse mein Glück nicht mehr von anderen bestimmen. Wenn ich ein Buch fertig gestellt habe, könnte ich übergehen vor Stolz. Ab dem Zeitpunkt, wo es in die weite Welt hinausgeht, kann ich nichts mehr beeinflussen. Und genau aus diesem Grund, sollte man sich auch nicht darüber ärgern, wenn es manche Menschen nicht mögen. Ich persönlich kann nichts daran ändern, dass Peter das Buch gelesen und es für schlecht befunden hat. Was soll's? Dann habe ich seinen Geschmack eben nicht treffen können. Aber muss ich mich jetzt fertig machen, weil einer dabei war, der damit nichts anfangen konnte? Nein, ich stehe zu hundert Prozent hinter meinem Werk und das ist für mich das Wichtigste. Ich selbst bin mein größter Fan. Bin ich auch mein stärkster Kritiker? Auf jeden Fall! Finde ich vieles, was ich früher geschrieben, gedreht oder anzogen habe, schrecklich? Natürlich! Das darf und muss auch so sein – sonst würden wir uns nicht weiterentwickeln. **Stillstand ist Tod** – davon bin ich überzeugt. Und ich bleibe ganz gewiss nicht stehen, auch wenn ich mir regelmäßig eine Auszeit gönne. Das Leben ist schnell genug. Wir sollten zumindest hin und wieder auf Flugmodus schalten und ein bisschen Ich-Zeit genießen.

Moment! Heißt das jetzt, dass man zum Einsiedler werden muss, der über alles und jeden wie ein Mähdrescher drüberfährt? Nicht doch. Was ich dir sagen will ist, dass du dir ruhig ein gewisses Maß an Selbstliebe zugestehen darfst. Und sei verdammt noch einmal stolz auf das, was du erreicht hast. Ja, man hört es als Kind schon: *„Eigenlob stinkt"*. Was für ein Schwachsinn! Solche Floskeln gibt es nur, damit man als Heranwachsender vorsichtig ist und nicht als arrogant angesehen wird. Wenn wir nicht vollkommen auf uns und unser Schaffen stolz sein dürfen, wieso zum Henker sollten wir dann überhaupt irgendetwas tun? Damit andere sich gut fühlen, weil wir von ihrem Lob und ihrer Anerkennung abhängig sind? Die sollen sich gefälligst selbst darum kümmern, wie sie zu ihren Glücksgefühlen kommen. Kleiner Tipp: **Sei stolz auf dich.**

Ein weiterer sehr wichtiger Punkt, wenn es um das Thema gesunder Egoismus geht, ist … **Nein!** Bitte nimm dieses Wörtchen in dein Lexikon auf. Es ist die beste Erfindung, seit es die Sprache gibt. Du musst dich auch nicht rechtfertigen, wenn du es benutzt. Andere tun es auch und … es funktioniert! Meist sogar ohne lästige Überredungsversuche, Genörgel oder Gefluche. Natürlich kommt es darauf an, in welchem Zusammenhang es verwendet wird. Ein paar Beispiele:

- Deine beste Freundin ruft an und möchte mit dir shoppen gehen. Du bist aber nicht in Stimmung stundenlang durch die Einkaufszentren zu schlendern. Sag: *„Nein, heute nicht. Gerne ein anderes Mal.“* Wenn sie eine wahre Freundin ist, versteht sie es und ihr findet einen anderen Termin.

- Ein Bekannter kommt auf dich zu und bittet dich, bei der Beerdigung seiner Großmutter zu singen. Du sagst: **Nein.** Vielleicht fragt er nach und möchte wissen, warum du abgelehnt hast. Dann bleiben dir zwei Möglichkeiten: Entweder sagst du ihm, dass du grundsätzlich nicht auf Begräbnissen singst – was dir weitere Fragen erspart. Oder du bleibst bei der Wahrheit und sagst, dass du einfach keine Lust darauf hast.

Wir vergeuden wertvolle Zeit, indem wir Dinge tun, auf die wir überhaupt keinen Bock haben, die uns langweilen oder sogar runterziehen. Man muss aber abwägen können, wann der richtige Zeitpunkt für ein Nein gekommen ist. Manchmal ist man erledigt und lustlos. Handelt es sich um wichtige Ereignisse, bei denen man anderen eine große

Freude bereiten kann, sollte man über seinen eigenen Schatten springen und sich gefälligst in die Gänge bringen.

- Eine deiner besten Freundinnen heiratet. Du wurdest vorher bei einem netten Pläuschchen verbal zur Feier eingeladen. Ein unerwartetes Problem tritt auf und die Freundin ist dazu gezwungen, die Anzahl der Gäste drastisch zu reduzieren. Du bist davon betroffen und kannst leider nicht teilnehmen. Sie entschuldigt sich bei dir und hofft, dass du nicht allzu traurig bist. Du teilst ihr mit, dass alles okay sei und du es nachvollziehen kannst. Zwei ihrer Freunde sind eingeladen und haben sich überlegt, für die Nicht-Eingeladenen und die Verlobten einen besonderen Junggesellenabschied zu organisieren. Du bist aber immer noch beleidigt und gekränkt, weshalb du zuerst irgendwelche Ausreden erfindest, warum du nicht dabei sein kannst. Dann zieht dir eine Freundin die Wahrheit aus der Nase und du gibst zu, dass du nicht willst. Hierbei hast du dein Ego über die Freundschaft gestellt.

Siehst du? Es kommt immer auf die Rahmenbedingungen

an. Versetze dich hin und wieder in die Lage deines Gegenübers. Wie würde es dir gehen, wenn dein geliebter Freund nicht zur gemütlichen Pre-Wedding-Party erscheint, weil sein Ego verletzt ist? Du würdest auch die Freundschaft in Frage stellen und daran zweifeln, dass du dieser Person wirklich etwas bedeutest.

Deshalb nenne ich es „**den gesunden Egoismus**". Man soll auf sich selbst achten, sich seine Auszeiten gönnen, darf stolz auf sich sein, auch einmal Nein sagen und muss sich deswegen nicht für alles rechtfertigen. Das Leben ist zu wertvoll, um es ständig anderen recht zu machen oder ihren Vorstellungen zu entsprechen. Einzig und allein du selbst musst mit dir und deinen Leistungen zufrieden sein. Alles andere ist unwichtig!

Oh, und hier noch ein kleiner Tipp zum Thema Auszeit. Genieße ein heißes Bad, lese ein gutes Buch, schaue dir deine Lieblingsserie an. Geh mal offline und gönne dir eine Ich-Zeit. Am besten funktioniert es, wenn du auch dein Handy ausschaltest und für ein paar Stunden nicht erreichbar bist – außer in Notfällen natürlich. Es ist Balsam für die Seele und hilft dir, wieder fokussierter und energiegeladener am nächsten Tag aufzuwachen. Es wird dir guttun! Und falls du noch einen zweiten Tag dranhängen und deine beste Busenfreundin dich zum Shoppingtag einlädt, dann sag ruhig und gelassen: „*Nein, danke. Ein anderes Mal gerne.*“

LA LE LU

Meine Welt der Träume

Okay, ja ich gebe es zu. Ein sehr ungewöhnlicher Titel für ein Kapitel in diesem Buch. Aber ich bin soeben aus dem wohl fürchterlichsten Albtraum erwacht, den ich je hatte. Eigentlich sollte ich noch mindestens dreieinhalb Stunden schlafen, denn um vier Uhr geht's zum Flohmarkt. Tja, da dachte der liebe Daniel, er könne sich um kurz nach 9 ins Bett legen und was geschieht? Träumt er dermaßen schrecklich, dass er schweißgebadet um halb 12 aus dem Schlaf fährt. Das Spannende an diesem Traum? Ich weiß, wie sich mein Gehirn alles zusammengereimt hat. Es ist wahnsinnig erschreckend, aus wie vielen kleinen, vermeintlich unwichtigen und nebensächlichen Dingen, die während des erlebten Tages passiert sind, sich das Unterbewusstsein eine Geschichte zusammenspinnt.

Bevor es losgeht – kennst du solche Träume? Die Art, nach denen man aufwacht und nicht weiß, wo einem der Kopf steht? Wenn das Gefühl, welches man während dem Schlafen hatte, dermaßen intensiv war, dass man diesen Zustand des Leidens noch Ewigkeiten verspürt? In jenem besagten Traum habe ich so fürchterlich geweint, dass ich jetzt noch mit verheulten Augen vorm Netbook sitze. Mann, was war das für ein Horror?! Ich muss schneller schreiben, denn ich merke, wie die Details verschwommener werden.

Eine Freundin von mir hat vor kurzem ihr erstes Baby bekommen. In diesem Traum wickelt die frischgebackene Mama ihr Neugeborenes irgendwo in einer Art Einkaufszentrum auf einer Treppe. Meine Mutter steht neben mir und wirkt besonders aufgeregt, weil sie den kleinen Wonneproppen unbedingt halten möchte. Sie tut dies und reicht ihn mir. Ich bin natürlich übervorsichtig und gebe ihn nach kurzem Betrachten wieder an meine Freundin zurück. Dann geht alles wahnsinnig schnell. Plötzlich steht der beste Kumpel meines Exfreundes neben mir. Man reicht ihm das Baby, er legt sich den kleinen Mann auf die Schulter, Baby rutscht vorne weg und fällt etwa sieben Stockwerke nach unten. Die Mutter verschwindet aus meinem Traum, doch das Chaos fängt gerade erst an. Ich, nicht sofort realisierend, was da eben passiert ist, beginne lauthals zu schreien. Hysterisch den Typen beschimpfend, steigere mich immer weiter hinein – verfolge ihn und werde dabei lauter und verzweifelter.

Irgendwann kommt diese unbeschreibliche Trauer und ich kann nicht aufhören bitterlich zu weinen. Dabei laufe ich durch ein enorm großes Haus, in dem ich ständig irgendwelchen Freunden begegne – die allesamt herumsitzen und ebenfalls heulen. Schließlich komme ich zu dem Neugeborenen und bin mir sicher, dass es wieder lebt. Ich öffne die Haustüre und will einer Bekannten, die in einer Engelsgestalt erscheint, zeigen, dass es noch am Leben ist. Aus unerfindlichen Gründen kommen wir erst einmal nicht mehr ins Haus. Als wir es mit Müh und Not geschafft haben, zeigt sie mir, dass ich mich getäuscht habe. Dann sitze ich auf einmal vorm Laptop und sehe das neue Musikvideo von P!nk, in dem sie plattgedrückt am Boden liegt, ihre Knochen wachsen und sich ihr Körper wieder aufrichtet. Boom! Aufgewacht. Ich sage es dir, lieber Leser, liebe Leserin, das war der entsetzlichste Albtraum ever.

So und nun analysieren wir diese grauenhafte Geschichte. Von besagter Freundin mit Baby habe ich kurz vorm Schlafengehen eine Sprachnachricht bekommen, in der ich den kleinen Mann brabbeln hörte. Mein Exfreund ist heute beim besten Kumpel zu Besuch, von dem ich erst gestern ein Instagramfoto gesehen habe. Der Tod des Babys kam vermutlich deshalb vor, weil in *"Und mit mir die Angst"* bei der Triggerwarnung **Kindstod** steht und mir eine Bloggerin heute geschrieben hat, dass sie diese Warnung als sehr wichtig empfunden hat. Genau dieses Wort ging mir im Laufe des Tages mehrmals durch den Kopf, da ich überlegte, ob nicht **Fehlgeburt** besser zu dem bearbeiteten Thema passen würde. Die Bekannte in Engelsgestalt erschien womöglich, weil ich mit einem meiner Exfreunde geschrieben hatte, den ich aus der Zeit kenne, in der ich mit seiner besten Freundin viel unternommen hatte. Die Person vor der Tür war die Schwester dieser besten Freundin. Etwas verwirrend? Ich weiß, aber das sind Träume ja meistens. Oh, und vorm Einschlafen habe ich mir *"Hush"* – einen Film mit Jessica Lange und Gwyneth Paltrow angesehen. Jessica spielt die Schwiegermutter von Gwyneth und will diese unbedingt loswerden. Gwyneth wird überfallen und beteuert dem Einbrecher, dass sie schwanger sei, woraufhin er ihr einen oberflächlichen Schnitt am Bauch zufügt. Ach ja, die Sache mit P!nk. Meine Lieblingssängerin hat gestern ihr neues Musikvideo veröffentlicht. In diesem gibt es eine kurze Szene, in der sie ihren Ehemann Carey Hart mit einer Hand schnappt und ihn wie Hulk mehrmals durch die Luft wirbelt und auf den Boden klatscht. Dabei sieht Carey aus als habe er keine

Knochen, quasi wie Gummi. Diese Szene fand ich ein wenig verstörend. *(Kleiner Kommentar am Rande: Wenn du jetzt denkst: "Der Typ ist ja völlig irre ... dann muss ich dir zustimmen. Vielleicht bekommst du durch diese Erzählung einen besseren Einblick in meinen Kopf. Abertausende Ideen schwirren darin herum und lassen mich deshalb in vielen Nächten nicht einschlafen. Aber ich denke, das muss so sein und steht bei Autoren auf der Tagesordnung. Wo kämen sonst die teils sehr verworrenen, jedoch gut überlegten, Ideen her? Kurze Selbstbeweihräucherung darf sein.)*

Du siehst, da sind einige Dinge im Laufe des Tages geschehen, die sich mein Gehirn gemerkt und während des Schlafens verarbeitet hat. Und ich darf dir sagen, dass ich immer noch in diesem Zustand der tiefen Trauer bin. Aber gibt es ein Auswahlverfahren? Ist es zufällig, was im Traum vorkommt oder sind es nur die Dinge, die uns unterbewusst zu schaffen machen? Selbst wenn wir diese Gedanken als belanglos oder nebensächlich erachten, filtert unser Unterbewusstsein diese heraus, speichert sie ab, um sie nachts zu verarbeiten. Wie krass ist das denn bitte?

Ich musste diesen Traum einfach niederschreiben. Es wäre mir unmöglich gelungen, erneut einzuschlafen, wenn ich mich mittels Schreiben nicht beruhigt hätte. Das hilft manchmal, oder? Wenn ich nun ewig versucht hätte, den Mann im Mond zu überreden, mich mit seinem **La Le Lu** zu besingen und den Sandmann anzuflehen mir ein wenig Traumsand zu geben – wäre ich mit offenen Augen liegen geblieben. Ich habe auch soeben eine Sprachnachricht verfasst, in der ich meinem Exfreund davon erzählt habe und rate mal was passiert ist? Als ich die Geschichte ins Handymikrofon gesprochen habe, kamen erneut die Tränen und ich fing an zu heulen. So krass hat mich dieser Traum berührt. Mein Ex meinte, es könnte auch daran liegen, dass ich erst kürzlich *"Die 120 Tage von Sodom"* gelesen habe, was definitiv nichts für schwache Nerven gewesen ist. Diese Thematik ist aber, um ehrlich zu sein, nicht vorgekommen. *(All jene, die wissen, worum es in dem Werk von Marquis de Sade geht, erkennen, dass diese Geschichte nun nichts mit Fäkalien und sonstigen Ausscheidungen zu tun hat)* Dennoch lässt sich nicht leugnen, dass mich das Buch ein wenig fertig gemacht hat und ich fast immer nach dem Lesen ein seltsames Gefühl verspürt habe. Das ist aber eine gänzlich andere Story.

Träume haben mich immer schon fasziniert. Seit ich als Kind alle paar Wochen von einer gewissen Linda Blair geträumt habe, versuche ich den nächtlichen Bildern mehr Aufmerksamkeit zu schenken. Vor etlichen Jahren habe ich sogar ein Buch zu diesem Thema verfasst, und zwar *„Illyria – Das Erwachen"*. Darin geht es um Madeline, die herausfindet, dass sie in ihren Träumen durch die Welten reisen kann. Wenn sie träumt, dann ist das ihre Realität, wenn sie wach ist, ist sie in einer Parallelwelt gefangen. Verrückt? Ich weiß, deshalb gibt's das Buch auch nicht mehr zu kaufen. *(Sorry, aber der Perfektionist in mir, verabscheut diese unvollendete Fantasy-Horror-Teenie-Hexen-Zauber-Drama-Mythologie-Reihe zutiefst.)*

Man hört ja auch oft, dass viele Menschen äußern, sie würden nicht träumen – was genaugenommen falsch ist. Sie können sich vielleicht nur nicht mehr daran erinnern. Ich hingegen war als Kind schon sehr talentiert darin, mir zu merken, welch schaurige Gestalten mich nachts verfolgt hatten. Wobei ich nicht nur schlimme Dinge geträumt hatte. Von einem Auftritt mit US5, über ein Monster das mir den Kopf gespaltet hat, bis zu Zauberduellen mit Hermine und Harry. Vielleicht liegt es daran, dass ich ein sehr kreativer Mensch bin und auch sehr lange brauche, um einschlafen zu können. Hunderte Ideen fliegen durch meinen Kopf und wollen partout nicht verschwinden.

Klar, all das, was ich tagsüber erlebe oder zerdenke – muss nachts geordnet werden. Was für ein Phänomen, unser wabbeliges Gehirn!

An dieser Stelle würde ich gerne eine Anekdote aus meiner Kindheit einfügen. Ich habe sie vorhin schon erwähnt und auch heute gruselt es mich noch, wenn ich ihren Namen irgendwo lese. Die Rede ist von Linda Blair alias Regan McNeil aus *Der Exorzist.* Du ahnst es vermutlich schon. Das Trauma meiner Kindheit. Sie verfolgt mich bis heute und ja, ich war damals sogar bei einer Psychologin. Aber lass uns ganz am Anfang beginnen.

ANEKDOTE

Suche den roten Punkt oder von allen Geistern besessen

An das genaue Datum kann ich mich nicht mehr erinnern, aber es muss irgendwann zwischen 2000 und 2001 gewesen sein. Es war ein Papa-Wochenende und ich weiß, dass wir mit seiner damaligen Freundin und deren Kindern im Kino waren. Wahrscheinlich war es *Atlantis* und beim Hineingehen in den Kinosaal fiel mir dieses seltsame

Plakat auf. Darauf stand *Der Exorzist* und es waren einzelne Bilder abgebildet. Dieser Streifen sollte zu späterer Stunde in diesem Kinosaal gezeigt werden und da bekam ich bereits eine Gänsehaut.

Als der Kinderfilm zu Ende war, spendierte uns mein Vater noch eine Pizza. Zu jener Zeit gab es in den Kinos kleine Fernseher, die aktuelle Trailer zeigten. Einer dieser Apparate hat direkt neben unserem Tisch gestanden und jetzt rate mal, welche Vorschau gelaufen ist?. Richtig! Der Trailer von *Der Exorzist*. *„Daniel, du soitast do ned hinschaun!"*, hat mich mein Vater ermahnt. Tja, und wenn Kinder derartige Sätze von ihren Eltern hören, widersetzen sie sich grundsätzlich. Fatal kann ich nur sagen! Von diesem schicksalshaften Abend an, hat mich die Geschichte über das vom Teufel besessene Mädchen nicht mehr losgelassen. Und das ist nun bereits fast zwanzig Jahre her.

Die Neugierde hatte mich gepackt, weshalb ich die damalige Skip-Zeitschrift mit nach Hause genommen hatte. Darin war nämlich eine Doppelseite des Horrorklassikers enthalten, welche ich bei der Heimfahrt studiert hatte. Als es Zeit fürs Bett war, bekam ich es mit der Angst zu tun und ich erinnere mich, wie ich panisch von meinem Stockbett geklettert war, um hinüber in die Küche zu meiner Mutter zu laufen. *„Mama, i kann ned schlofen!"*, hatte ich weinerlich gesagt. *„Jo, do bist selber schuld. Warum lest auch so an Blödsinn?"*, hatte meine Mutter trocken zurückgegeben. Keine Ahnung, wie ich diese Nacht überlebt habe, aber die Gedanken um den Film kreisten noch etliche Jahre. In manchen Nächten bin ich ins Kino gegangen, um mir den Film anzusehen. Auf einmal befand ich mich in der Wohnung meines Onkels und wurde mit dem Computersessel ins Treppenhaus geschoben. Plötzlich hörte ich hinter mir jemanden lachen und ohne Vorwarnung hatte sich Linda zu mir nach vorne gebeugt und grinste mir ins Gesicht. Manchmal war ich aber sogar mit ihr befreundet gewesen! Bei Tag war sie ein ganz normales Mädchen, sobald es dunkel wurde, wirbelte ich mit meinen Händen und flog der Erbsensuppe kotzenden Regan davon.

Eines Abends waren mein Bruder und ich bei unseren Nachbarn eingeladen gewesen. Wir hatten durch die Programme gezappt und blieben bei einem Film namens *Von allen Geistern besessen* hängen. Überraschung! Leslie Nielsen und Linda Blair in den Hauptrollen – eine Komödie, die sich über den 70er Jahre Klassiker lustig macht. Von da an, war es völlig um mich geschehen. Zwar schien Linda nicht ganz so hässlich geschminkt zu sein wie in dem Original, ihre Fratze blieb mir trotzdem im Gedächtnis. Die Wiederholung am nächsten Tag wurde erneut angesehen, nur um wirklich sicher zu gehen, dass ich nichts versäumt hatte. *(Was ist das nur für eine seltsame Eigenschaft, dass ein Mensch, obwohl er Angst vor etwas hat, es nicht schafft, sich davon zu lösen und auch noch Salz in die Wunde streut? Warum musste ich mich immer wieder mit diesem verdammten Film auseinandersetzen? Es ging sogar so weit, dass ich in der Schule ein Referat über Exorzismus hatte halten wollen. Als ich zu recherchieren anfing, war mir dermaßen übel geworden, dass ich die Idee letzten Endes wieder verworfen hatte. Kleiner Schisser!)*

Die Jahre vergingen und ich sollte erst mit vierzehn wieder in Kontakt mit meinem Albtraum treten. Es war ein Sonntagabend und ich hatte mich auf einen Gesangswettbewerb vorbereiten wollen. Ich hatte das Playback zu *The Show must go on* aufgelegt und probte drauf los. Das Handy klingelte und mein Onkel informierte mich, dass er soeben eine E-Mail geschickt hatte. Ich öffnete diese und las im Anhang "Suche den roten Punkt". Neugierig klickte ich auf die PowerPoint-Präsentation und gemeinsam mit meinem Bruder, löste ich die Aufgaben.

Nach dem fünften oder sechsten Bild war Ende im Gelände. Ich hatte das Programm geschlossen und wollte mich gerade wieder meinem Gesang widmen, als mein Bruder meinte: *„Na, des is sicher nu ned aus!"* Er sollte Recht behalten. Das rote Pünktchen neben dem Baby hatten wir beim ersten Mal tatsächlich übersehen. Nun erschien der kleine Clownfisch Nemo. Als ich mit der Maus zu seinem Mund fahren wollte, poppte das Bild von Linda Blair auf. Hinzu kam ein fürchterlich lauter Schrei und … das war mein Ende gewesen. Wie in einem Horrorfilm riss ich meinen Mund auf, kreischte los und hörte nichts anderes mehr als meinen eigenen Herzschlag. Ich zitterte am ganzen Körper und konnte mich nicht mehr beruhigen. Meine Mutter kam angerannt und war völlig überfordert, ahnungslos und wütend. Es folgten ein lautes Telefonat mit meinem Onkel, eine Nacht im Bett meiner Mutter und fürchterliche Albträume.

Ein paar Tage später, ich wollte noch schnell ein Playback auf meinen USB-Stick laden, hatte ich Unterricht bei meinem Gesangslehrer. Leider besetzte mein Bruder den PC und war offensichtlich nicht sehr begeistert, als er meinetwegen sein Spiel unterbrechen musste. Gestresst wechselte ich vom Kinderzimmer ins Badezimmer und registrierte nicht, dass dieser kleine Teufel eine böse Überraschung für mich bereitgehalten hatte. Da öffnete ich die Tür und sah nur im Augenwinkel die Haare dieser fürchterlichen Linda und bekam wieder einen Anfall. Ich ließ mich schreiend zu Boden fallen, riss meine Hände nach oben, verkrampfte meine Finger und hörte nicht mehr auf zu weinen. Tja und das war der Tag an dem festgestanden hatte, dass ich eine Psychologin aufsuchen musste.

Etwa drei oder vier Einheiten redeten wir über Gott und die Welt. Die Scheidung meiner Eltern, meine Beziehung zu meinem Bruder und anderen Familienmitgliedern, meine Zeit in der Schule und natürlich über Fräulein Blair. Ich erzählte ihr im Detail, was ich schon alles mit ihr erlebt hatte und wie schlimm manche Nächte waren. Die Psychologin kam zu dem Entschluss, dass es äußerst wichtig sei, den originalen Film anzusehen. Sie habe den Verdacht, dass meine Fantasie viel schlimmer als der Klassiker sei und erachtete diese Therapie als die Lösung für mein Problem. Seltsam fand ich nur, dass sie mich eingeladen hatte, den Streifen gemeinsam mit ihrem Mann zu genießen. Ohne mit dem Finger auf jemanden zu zeigen, aber ist es normal, dass eine Psychologin einen vierzehnjährigen Patienten zu sich nach Hause bestellt? Ich war damals schon nicht sehr begeistert gewesen, denn ich hatte beschlossen mir die DVD zu bestellen und ihn mir alleine bei meiner Oma reinzuziehen. *(Warum bei Oma? Nun, weil ich sehr abergläubisch war und Angst davor hatte, dass sich der DVD-Player eines nachts selbstständig machen könnte und den Film abspielen würde. Zumal ich das auch heute noch zeitweise träume. Da liege ich im Bett und werde gezwungen Der Exorzist zu schauen. Seltsamerweise ist es immer ein völlig anderer Film, die Hauptdarstellerin bleibt jedoch gleich. Und schon wieder … Träume! Es hört einfach nicht auf.)*

Nach langem Hin und Her war es dann so weit und ich hatte mich überwinden können, auf Play zu drücken. Natürlich war es draußen noch hell gewesen. Andernfalls hätte ich nie wieder einschlafen können. Fazit? Ein gruseliger Film, aber bei Weitem nicht so krass, wie ich gedacht hatte. Ja, ich bin immer noch der Meinung, dass es der schlimmste Horrorfilm aller Zeiten ist. Trotzdem war die Realität viel sanfter als meine Fantasie. Die unzähligen Nächte, in denen ich händeringend versucht hatte, nicht an Regan oder den Film zu denken, hatten mich noch schlimmere Bilder erzeugen lassen. *(Um mich abzulenken, erfand ich das Wort "Esorzisse" – da ich davon überzeugt war, wenn ich an "Exorzist" dachte, sich meine Nackenhaare aufstellen und ich mit Sicherheit wieder von ihr träumen würde. Du kannst dir kaum ausmalen, wie schrecklich es für mich war, in meinem Stockbett zu liegen und immer wieder diese Fratze zu sehen.)* Rückblickend hatte ich wirklich eine wunderschöne Kindheit, aber Linda hatte mir da einiges versaut.

Nachdem ich das Original endlich gesehen hatte, dachte ich, dass ich meine Angst überwunden hätte. Denkste! Zwei Jahre später, es muss ein Samstagabend gewesen sein, saßen meine Stiefmutter, meine beiden Stiefschwestern, eine Bekannte und mein damaliger Freund am Tisch und wir unterhielten uns über Horrorfilme. Plötzlich stand mein Bruder hinter mir und hielt mir seinen Laptop vors Gesicht. Kannst du erraten, wer abgebildet war? Natürlich, meine Freundin Linda Blair. Aus Erzählungen habe ich erfahren, dass sich meine Gesichtsfarbe von einer auf die andere Sekunde weiß gefärbt, ich meine Hände auf den Tisch geworfen, mich mit den Ellenbogen abgestützt, die Finger zusammengekramft und fürchterlich geschrien hatte. Mein Vater, der im Wohnzimmer ein Nickerchen gemacht hatte, war wach geworden und meinte, dass er noch nie etwas Derartiges gehört hatte. Das Schlimme daran? Ich kann mich nicht mehr erinnern, dass ich angeblich hysterisch gebrüllt haben sollte. Es war, als hätte ich die Kontrolle über meinen Körper verloren. Erst als meine Stiefmutter ihre Hand auf die meine gelegt hatte, konnte ich mich beruhigen und aufhören zu schreien. So viel dazu, dass ich die Linda-Geschichte abgeschlossen hatte.

Wie Brüder eben sind, fand ich manchmal ein Linda-Bild auf dem Klodeckel klebend oder frei in der Luft hängend. Es ist ja so witzig, den großen Bruder in den Wahnsinn zu treiben. Ja, ich liebe dich auch, du Penner! Vor wenigen Jahren habe ich mich mal über dieses Thema mit einer Freundin meiner Mutter unterhalten, die sehr spirituell unterwegs ist. Sie meinte, dass vermutlich in einem meiner früheren Leben ein Exorzismus an mir durchgeführt wurde und mich deshalb dieses Thema so stark mitnehmen oder beschäftigen würde. Ergibt Sinn, oder? Jetzt, mit beinahe dreißig Jahren, läuft es mir immer noch kalt über den Rücken hinab, wenn der Film an Halloween auf der Watchlist steht. Generell ist es wie ein innerlicher Zwang, mir alles was irgendwie mit Exorzismus zu tun hat, anzusehen. Auch wenn nichts zum Original rankommt.

Das Ende der Geschichte? Alle paar Monate besucht mich

meine liebe Freundin Linda, um mich daran zu erinnern, dass jeder Mensch vor irgendetwas Angst hat. In meinem Fall ist es eben Regan McNeil aus *Der Exorzist.* Das Gute daran ist, sobald dieses besessene Mädchen auf einen kurzen Besuch vorbeikommt, weiß ich genau, dass alles nur ein Traum ist. AUFWACHEN!!!

***

Wenn ich all meine Träume aufgeschrieben hätte, würde ich jetzt einen über tausend Seiten dicken Wälzer in der Hand halten. Oder aus den besten einen Sammelband erstellen können. Denn um ehrlich zu sein, hat mir der eine oder andere Traum schon ziemlich coole Ideen geliefert, die es letztendlich in Bücher geschafft haben.

Damit du dir, liebe Leserin, lieber Leser, vielleicht etwas aus diesem Kapitel mitnehmen kannst, möchte ich dir einen kleinen Tipp gegen Albträume geben. Keine Ahnung, ob er bei dir auch wirkt, aber ich habe folgende Erfahrung gemacht. Statt sich irgendeinen Film oder eine Serie vorm Schlafengehen reinzuziehen, ist es klüger, ein inspirierendes und beruhigendes Buch zu lesen. Auch TikTok oder Social Media würde ich nicht empfehlen.

Alles, was zu sehr aufwühlt, sollte vor der nächtlichen Ruhephase vermieden werden. Ich zum Beispiel lese gerne etwas von **Paulo Coelho** oder **John Strelecky**. Vielleicht sind es Kitschromane oder Disneybücher, die dich entspannen lassen. Und falls es einmal nicht klappen sollte und deine Albtraum-Version meiner Linda Blair im Schlaf aufkreuzt, flieg einfach weg!

DU UND ICH, WIR WANDERN

Wenn eine Beziehung endet

Es ist unglaublich und vor ein paar Monaten wäre ich nicht dazu im Stande gewesen, diesen Schritt zu wagen. Ja, ich spreche von einer Trennung. Über achteinhalb Jahre waren wir zusammen und ich bereue keine einzige Sekunde. Mit ihm bin ich erwachsen geworden. Durch ihn habe ich gelernt, was es heißt, einen Menschen wahrhaftig und bedingungslos zu lieben. Ist die Liebe wie alles andere auch, endlich? Oder ist die wahre Liebe unendlich und geht bis über den Tod hinaus?

Wir Menschen neigen dazu, alles Gute und Schöne so lange wie nur möglich festhalten zu wollen. Oftmals vergessen wir zu fragen: „Bin ich denn noch glücklich?" Befinde ich mich in einer Art Spirale, aus der es keinen Ausweg gibt? Habe ich verlernt auf meine innere Stimme zu hören, nur weil es gemütlicher ist, sich keine Fragen zu stellen? Verdränge ich die Zweifel, da ja im Grunde genommen, alles passt? Sollte eine Partnerschaft mit einer durchschnittlichen Bewertung ad acta gelegt werden? Kann sie wie ein Auto repariert werden? Zu einem gewissen

Grad – ja! Etwas, das über acht Jahre gehalten hat, wirft man nicht beim ersten Auftreten eines Problems in die Kiste veralteter Erinnerungen. Man kämpft! Man rauft sich zusammen – man redet, man streitet, man versöhnt sich. Beide Parteien versprechen einander rücksichtsvoller, liebevoller und aufmerksamer zu sein. Man schwört die Essensreste zuerst vom Teller zu spülen, bevor man diesen in den Geschirrspüler stellt. Man versucht mehrmals in der Woche zärtlich zueinander zu sein. Man verabredet sich zu gemeinsamen Ausflügen, romantischen Abendessen oder gemütlichen Kinoabenden. Was, wenn man alles versucht hat? Wohin mit den unerklärlichen Gefühlen der Unsicherheit? Da lässt man sich nichtsahnend ins Bett fallen und kann nach drei Stunden immer noch nicht schlafen, da diese verdammten Stimmen nicht aufhören wollen zu sprechen. Warum halte ich an etwas fest, dass es vielleicht nicht mehr gibt? Warum schaffe ich es nicht, einen Schlussstrich zu ziehen? Ganz tief in mir weiß ich, dass ich mir manchmal mehr von einer Beziehung wünsche. Im letzten Eck des Verstandes fühlt man, dass genau in jenem Moment der Entschluss feststeht – man ihn aber nur noch aussprechen muss. Dann ertönt eine andere Stimme, die meint, dass man den anderen liebt und ihn nicht verletzen will. Ja, was denn nun? Es fühlt sich an, als wäre man selbst ein Ping-Pong-Ball, der ständig zwischen dem Beziehungsende und einer weiteren Chance hin und her geworfen wird. Alles dreht sich und es scheint unmöglich sich zu entscheiden. Warum zum Teufel gibt es keinen Ratgeber, der einem ausrechnet, ob man mit dem Menschen an seiner Seite noch glücklich ist oder rein aus Gewohnheit zusammenbleibt? Schließlich hat man sich in all den Jahren arrangiert, man funktioniert. Der gemeinsame Haushalt klappt einigermaßen, man interessiert sich für dieselben Filme und Serien, jeder mag die Familie und die Freunde des anderen, man kann zusammen lachen, weinen und reden. Der eine weiß, was dem anderen gefällt, man schläft nebeneinander ein und wacht an vielen Tagen gemeinsam auf. Wo liegt das Problem? Zu Streitereien kommt es selten. Gut, der eine schnarcht öfter, was dem anderen das Einschlafen erschwert. Man entdeckt seltsame Angewohnheiten, die den Partner stören. Es gibt Sexflauten, weshalb auch im Bett nicht mehr so viel passiert. Man ist frustriert, weil Schatz so gar nicht in die Gänge kommt und nur so vor sich hinlebt. Was, wenn es noch nie anders war – im jetzigen Augenblick aber beinahe ein Weltuntergangsgefühl hervorruft? Wie zum Henker erkennt man, ob jetzt die Zeit gekommen ist, eine Beziehung zu beenden? Wer kann einem dabei helfen?

Die Antwort darauf ist einfach – niemand! Niemand, außer man selbst. Es kostet Kraft, Energie und viele Tränen. Was habe ich in der Woche geheult, in der wir getrennt gewohnt haben. Ja, wir hatten dann noch knapp drei Wochen lang versucht, wieder zusammenzufinden, aber eigentlich wusste ich, dass ich für mich abschließen musste – vorerst! Oder besser gesagt, jetzt. Bereue ich es in ein paar Wochen oder Monaten, dass ich derjenige gewesen bin, der eine langjährige Beziehung für beendet erklärt hat? Keine Ahnung. Was die Zukunft betrifft, sind wir aber alle unwissend. Deshalb … ja, diesen Spruch hat man schon Millionenmal gehört … sollten wir uns tatsächlich nur auf die Gegenwart konzentrieren.

Wenn es mir seit geraumer Zeit nicht gut geht und ich mir sicher bin, dass meine Partnerschaft daran schuld ist, muss ich etwas ändern. Entweder arbeitet man daran oder man wirft den Hut drauf. Doch wie weiß man, ob man alles Erdenkliche versucht hat, um eine Trennung zu verhindern? Indem man in sich geht und sich fragt: … ja, was eigentlich? Ich muss nun all jene enttäuschen, die gehofft haben, von mir eine Formel oder eine Lösung für dieses Problem zu bekommen. So etwas gibt es nicht! Klar, ist es wahnsinnig schade, aber … *that's life!*

Womöglich hilft dir meine folgende Anekdote, in der ich erzählen werde, wie es zur Trennung mit meinem allerersten Freund kam und wie lange ich die Entscheidung vor mir hergeschoben habe.

ANEKDOTE

Liebe

Ja, das ist sie. Es ist, war und wird immer meine erste große Liebe sein. Dieser Mensch hat mir einfach alles gegeben. Eine solch bedingungslose, aufrichtige und wahrhaftige Liebe war mir bisher unbekannt. Auch auf die Gefahr hin, dass dieses Kapitel wohl das längste werden wird, muss ich zurück an den Anfang gehen. Denn wenn ein Mensch es verdient hat hier erwähnt zu werden, dann M. Ich habe ihn im Juli 2012 im Internet kennengelernt. Natürlich hatte ich vor ihm auch schon kurzweilige Beziehungen mit Jungs, die … sagen wir mal, alle endeten, da diese Persönlichkeiten schnell an Reiz verloren hatten. Meist handelte es sich bei diesen 30-Tage-Beziehungen um männliche Geschöpfe, die selbst ein wenig verunsichert, schüchtern oder Hals über Kopf in mich verliebt waren. Seltsamerweise hatte ich die Art von Männern angezogen, die das krasse Gegenteil von mir waren und von dem, was ich in einem Mann suchte, entfernter nicht hätten sein können. Nur leider – und wir alle kennen dieses Problem – waren die Typen, die ich begehrenswert gefunden hatte, nicht an mir interessiert. Damals war ich aber der Meinung, dass es besser sei, jemanden zu daten, der mich durch die rosarote Brille sieht, als irgendwelchen scharfen Daddys nachzulaufen, die sowieso kein Interesse an mir hatten. Kurz gesagt, ich nahm, was ich kriegen konnte. Selbst wenn es die langweiligsten und uninteressantesten Typen waren, die die damaligen Datingportale zu bieten hatten. Und auch wenn es mein früheres Ich niemals zugegeben hätte, war ich händeringend auf der Suche nach der wahren Liebe. Meine großen Vorbilder waren Brian und Justin aus *Queer as Folk*. Ich war ohne Zweifel der siebzehnjährige Justin, der genau wusste was er will, und zwar den neunundzwanzigjährigen, gutaussehenden und unerreichbaren Brian. Ein Mann, der fest im Leben steht, erfolgreich, verdammt sexy und ein waschechter Adonis ist. Ja ja … träum weiter, Daniel! Die Realität hat mir mehrere Schläge ins Gesicht gegeben und rasch hatte ich erkannt, dass ich grundsätzlich nur zwischen zwei Arten von Männern auswählen konnte. Nummer Eins: Jungs in meinem Alter, die allesamt noch etwas grün hinter den Ohren waren und selbst gerne von einem Ritter in goldener Rüstung vor dem feuerspeienden Drachen gerettet werden wollten. Natürlich weiß ich, warum mich diese Burschen interessant fanden! Ich war bereits in jungen Jahren sehr selbstbewusst, wovon ich dem einen oder anderen Manuel oder Simon etwas hätte abgeben können. Tatsache ist, dass ich es zwar genoss, angehimmelt zu werden – mir diese Anbetung nach wenigen Wochen aber lästig wurde. *(Ja, ich weiß – hört sich furchtbar arrogant an. Allerdings war es damals so und ich schäme mich nicht dafür … na gut, ein kleines bisschen.)* Vielleicht lag es daran, dass ich, seit ich denken konnte, auf der Bühne und immer schon gerne im Mittelpunkt gestanden habe. Die Aufmerksamkeit einer einzigen Person schien mir dann doch zu wenig zu sein. Weshalb ich erkannt hatte, dass dieser Typ Mann/Jugendlicher nicht mehr in Frage kam. Nun gab es noch Variante B – die Art von Männern, die weit über meinem Alterslimit, meinen Nachrichteneingang füllten. Großväter, die mir Taschengeld für gewisse Dienstleistungen versprachen. Fetisch-Kerle, die mir am liebsten ihr Abendessen von der Fußsohle geschmatzt hätten. Ungeoutete Überraschungseier, die tatsächlich davon überzeugt gewesen waren, dass ich mich mit ihnen treffe, ohne vorher Fotos gesehen zu haben – oder ganz mies, einfach Bilder aus dem Internet geschickt hatten. Eben die Sorte Männer, die ganz und gar nicht meinem Typ entsprachen, dies aber partout nicht akzeptieren wollten und mir deshalb mit anderen Profilen den Tag versauen mussten. Das waren meine absoluten Favoriten! Einerseits schmeichelhaft, wenn sie sich immer wieder die Mühe machten und einen neuen Benutzer anlegten, um erneut eine Abfuhr von mir zu kassieren, sobald ich kapiert hatte, dass Horst Hornhaut dahintersteckte.

Da war ich also! Mit meinen gerade einmal zwanzig Jahren hatte ich mich zwischen diesen zwei Arten von Männern entscheiden können und in den meisten Fällen die schüchternen Zeitgenossen gewählt. Einige Kurzbeziehungen und eine Vielzahl an schrecklichen One-Night-Stands später, hing ich das Thema Traumprinz erstmal an den Nagel. Ich hatte gerade meine bis dato längste Beziehung hinter mir, als ich an einem tristen Abend nichts Besseres zu tun hatte, als die Weiten des Internets zu erforschen. Et Voilà, … ein junger Mann aus meiner unmittelbaren Nähe hatte den Weg auf mein Profil gefunden. Ich kann leider nicht mehr genau sagen, wer von uns beiden den ersten Schritt gemacht hatte, aber ich vermute, dass ich es gewesen war. Schließlich war ich damals schon sehr forsch gewesen und hatte nicht verstanden, warum man diese "falsche-Scheu–Nummer" abziehen musste. Er hatte mir auf Anhieb gefallen und wir telefonierten auch gleich am ersten Abend mehrere Stunden. Das Lustige an dieser Sache? Ich war zu diesem Zeitpunkt definitiv nicht auf der Suche nach einer festen Bindung gewesen. Immer noch dabei, die äußerst dreiste und herzlose Art und Weise, wie dieser Wicht von Exfreund mit mir Schluss gemacht hatte, zu verarbeiten – ließ ich mich ohne Hintergedanken und Erwartungen auf dieses nette und ungezwungene Kennenlernen ein. Was ist passiert? Natürlich verknallte ich mich so richtig in ihn. Ich war sofort Feuer und Flamme für seine Familie, sein großer Freundeskreis hieß mich mit offenen Armen willkommen und ich hatte mein unerwartetes Glück kaum fassen können. Endlich hatte ich jemanden kennen gelernt, der zwar auch etwas schüchtern war und noch bei seinen Eltern wohnte, aber älter und gefestigter im Leben stand als ich … und die anderen Typen vorher. M und ich trafen uns zum perfekten Zeitpunkt. Ich war kurz davor, das Thema Liebe ein für alle Mal für mich abzuschreiben *(hoch dramatisch für gerade einmal zwanzig Jahre),* als er mir den Kopf verdreht hatte. Wir waren beide dermaßen verliebt ineinander, dass wir alles andere völlig ausgeblendet hatten.

Die erste Zeit, als M noch zuhause bei seinen Eltern wohnte, war vermutlich die schönste. Wir sahen uns regelmäßig, aber nicht täglich. Verbrachten viele Abende mit seinen Freunden, machten Party, genossen die Nächte zu zweit und wussten die gemeinsamen Stunden zu schätzen. Ach, wie gerne würde ich in eine Zeitmaschine steigen. Knapp ein Jahr nachdem wir offiziell ein Paar geworden waren, mietete M sich eine Wohnung in meiner Heimatstadt. Im Februar 2014 zog ich dann direkt vom Hotel Mama zu ihm. Diese Zeit war wahnsinnig schön, auch wenn sich da die ersten Probleme auftaten. Die anfängliche Verliebtheit wurde weniger und der Alltag schlich sich stillschweigend ein. Diskussionen über den Haushalt, meine sehr offene und freigeistige Art zu leben, mein Einkommen und die ersten Versuche unser Sexleben aufzupäppeln, würzten unser Zusammenleben. Damals hatte ich diese verbalen Auseinandersetzungen als völlig normal abgetan und gedacht, dass es jedem Paar nach einer gewissen Zeit so ergehen musste. Klar, ich bin und war kein einfacher Mensch und musste mir alle zehn Finger abschlecken, dass M so geduldig mit mir gewesen ist. Nicht nur einmal hatte ich von meiner Familie und Freunden zu hören bekommen, dass ich so einen wie ihn nie wieder finden würde. Jemandem, der mich – diesen verrückten, beinahe nie zur Ruhe kommenden Künstler - 24/7 ertragen kann, müsste eigentlich ein Orden verliehen werden. Stimmt! Danke, Mama – ich weiß. Und ich bewundere bis heute, wie stark und liebevoll er mit all meinen Macken, Eigenheiten und meinem teilweise eiskalten Herzen hatte umgehen können. M ist ein Mensch, dessen Lebenselixier die Liebe ist. Er scheint keinen anderen Grund zu brauchen, um morgens aufzustehen. Solange da jemand ist, der ihn liebt, mit dem er abends vor dem Fernseher liegen kann und der ihm ab und an einen Kuss auf die Lippen gibt – ist er wunschlos glücklich. Er braucht keine materiellen Dinge, keinen abwechslungsreichen Alltag und keine tausend Freunde, mit denen er ständig um die Häuser zieht. Es genügt ihm, wenn er sich mit dem erarbeiteten Geld sein bescheidenes Leben finanzieren, sich ab und zu ein Computerspiel gönnen, im eigenen Garten die Sonne genießen und sich nach einem schönen Tag mit dem Partner ins Bett kuscheln kann. Das ist alles, was M zum Glücklichsein benötigt.

Lange Zeit war das für mich auch in Ordnung. Ich hatte ein sehr spannendes und turbulentes Leben geführt. Nicht im herkömmlichen Sinne – Party, Reisen und ausverkaufte Hallen. Als Künstler steht man jedoch ständig unter Strom. All jene, die schon einmal ein Buch geschrieben oder an einem Theaterstück, einer Kurzgeschichte oder einer wütenden Nachricht an den miesen Exfreund gearbeitet haben, wissen, wovon ich rede. Das Gedankenkarussell hört niemals auf und schon gar nicht, wenn man die Augen schließt. Viele Menschen gehen zur Arbeit, kommen nach Hause und lassen ihren Job im Büro. Bei Künstlern ist das ein bisschen anders – was viele nicht wirklich nachvollziehen können. Aber darum geht es eigentlich auch gar nicht. Was ich damit sagen will, ist, dass es für mich viele Jahre genau das Richtige gewesen war. Ein anstrengender Tag voller Proben, Diskussionen mit Schauspielern, Vorstandssitzungen, ärgerlichen Absagen und abendlichen Schreibergüssen war in seinen Armen zu Ende gegangen. Es war wunderschön gewesen, jemanden an meiner Seite zu wissen, der mich quatschen, mir all meine Sorgen von der Seele reden und mich ankommen ließ. M hatte diese gelassene Grundeinstellung, die es mir ermöglicht hatte, sofort zur Ruhe zu kommen. Wenn ich ihn mit meinen Ideen für mein neues Buch euphorisch eine Stunde lang voll getextet hatte, hörte er *(meist)* aufmerksam zu und gab mir damit so viel. Kurz gesagt, er war mein Ruhepol, ich sein Motivator.

Im Juni 2015 zogen wir dann gemeinsam eine Türe weiter in eine größere Wohnung. Mein kleines Aufnahmestudio im Schlafzimmer wurde langsam, aber sicher zu groß und da unsere Nachbarn mit ihrem Nachwuchs in ihr eigenes Haus ziehen wollten, übernahmen wir ihr trautes Heim. Obwohl ich mehr Platz für meine Kreativität hatte, wurde ein seltsames Gefühl in mir wach. Damals tat ich dieses Verlangen nach mehr als Phase oder eigene Unzufriedenheit ab. Vermutlich war es das auch. Seltsamerweise traten diese Zweifel an unserer Beziehung immer kurz vor unseren Geburtstagen auf. Was mich darauf schließen ließ, dass ich einfach Panik bekam, weil ich wieder ein Jahr älter wurde. Jeder kennt diese Gefühle. Man fragt sich, gibt es da noch etwas? Bleibe ich nun für den Rest meines Lebens mit diesem einen Menschen zusammen, den ich zwar liebe, bei dem das Feuer aber nicht mehr so brennt wie am ersten Tag? Werde ich nie wieder Schmetterlinge im Bauch haben, wenn ich jemanden das erste Mal küsse? Bleibt das für immer so?

Vor allem, sind es diese flüchtigen Höhenflüge wert, eine langjährige Beziehung aufzugeben? Oder sollte man einfach daran arbeiten?

Das hatten wir getan. Jedes Mal, wenn sich ganz still und heimlich wieder eine dieser Krisen anbahnte, redeten wir darüber und sprachen uns aus. Wir diskutierten über Trennung, Veränderungen und das was uns verband. Manchmal schrien unsere Körper aber einfach nach Abwechslung. Zum Beispiel nach einem gemeinsamen Urlaub – der in den meisten Jahren schlichtweg zu kurz kam. Nach solch einem Tapetenwechsel konnten wir das Feuer zwischen uns erneut entfachen und waren wieder viel glücklicher und ausgeglichener. Die kurzen Reisen hatten zwar für einige Monate super wirken können, tief im Inneren blieb dieser Wunsch nach „mehr" aber erhalten. Auch wenn mir das noch nicht bewusst gewesen war.

Es ist wahnsinnig spannend, gerade jetzt darüber zu philosophieren, was zu dieser Trennung geführt hat und warum ich diese Entscheidung getroffen habe. Bin ich einfach nicht dafür konstruiert mit einem Menschen zusammen zu sein? Oder war M lange Zeit der Richtige für mich und ist es nun einfach nicht mehr? Wir Menschen verändern uns ständig. Wir wachsen, überdenken, ändern unsere Ansichten und Prinzipien. Und an dieser Stelle – auch wenn es wehtut – hatte ich das Gefühl, dass das genau der ausschlaggebende Punkt war.

Seit Sommer 2017 hatten wir im Haus meiner Großmutter gewohnt. Sie oben, wir unten. Früher hatte meine Urgroßmutter in der knapp 50 Quadratmeter großen Wohnung gelebt. Eineinhalb Jahre nach ihrem Tod, entschieden M und ich uns, die überteuerte Wohnung hinter uns zu lassen. Natürlich war es eine Frage des Geldes und nicht nur unsere beiden Katzen hatten von nun an einen riesengroßen Garten zur Verfügung gehabt. Auch meine Oma kann nachts besser schlafen, seit sie weiß, dass sie nicht mehr alleine in ihrem Haus residiert. Für uns als Paar war es gerade in den kälteren Monaten schwierig, da wir uns in dieser sehr viel kleineren Unterkunft nicht besonders gut aus dem Weg gehen konnten. Was gerade für mich ein ganz wichtiger Punkt ist. In der noch größeren Bude hatte ich mein Arbeitszimmer gehabt, in das ich mich stundenlang zurückziehen konnte. Im Haus sah es da anders aus. Wir hatten beide unsere Computer im Wohnzimmer stehen gehabt, meine

Videohintergründe hingen an der Wand und meine Lichter standen einfach so herum. Was nicht nur einmal Grund für Diskussionen gewesen war. Ein Rückzugsort fehlte und das wurde mir erst so richtig bewusst, als ich letztes Jahr im Juni vier Tage in einer abgelegenen Hütte im Wald verbracht hatte. Das war das allererste Mal, dass ich völlig auf mich allein gestellt war und dieses Gefühl war unbeschreiblich gewesen. Ich hatte Blut geleckt. So fühlt es sich an, wenn man nicht mit seinem Bruder und seiner Mutter oder seinem Partner zusammenlebt. Da ist Ruhe!

Und genau das war der ausschlaggebende Grund für die Trennung gewesen – denke ich jedenfalls. Noch nie zuvor durfte ich die Erfahrung machen, ganz alleine zu wohnen und zu sein. Ja, gut … durch diese Corona-Sache war ich im letzten Jahr noch mehr zu Hause als ohnehin schon. Unter normalen Umständen wäre ich unter der Woche in diversen Proben, bei Veranstaltungen, Besprechungen und Terminen. Am Wochenende würden wir Shows spielen oder irgendwelche Partys feiern. Und wenn ich dann an einem Donnerstagabend nach einem fürchterlich anstrengenden Tag nach Hause käme, dann wäre da immer M. Und wenn M den ganzen Tag in der Arbeit ist und ich einmal nicht so viele Termine habe, dann wäre da trotzdem meine Oma, meine Mutter, mein Onkel, die Brüder meiner Oma, der Freund meiner Oma oder mein eigener Bruder zu Besuch. Irgendwie hatte ich nie die Chance einmal abzuschalten – die völlige Ruhe zu genießen. Weder bei Tag noch am Abend. Natürlich genoss ich es, mit meinem Schatz zu Abend zu essen und danach *Shameless* zu gucken. Sicher ist es ein wunderschönes Gefühl, sich mit dem Partner auszutauschen, zu lästern oder stundenlang zu philosophieren. Aber was genau ist da jetzt der Unterschied zu einem WG-Partner?

Klingt grotesk und zynisch? Mag sein – aber so habe ich das empfunden. Ich fragte mich eines nachts, irgendwann Anfang Februar, warum wir noch zusammen waren. Die körperliche Anziehung ist gesunken, das Bettgeflüster ein wahrhaftes Geflüster, die Auseinandersetzungen ausgelöst durch die kleinsten Kleinigkeiten und die sonstigen Aktivitäten auf ein Minimum reduziert. Coronabedingt? Natürlich spielt diese Ausnahmesituation auch eine große Rolle, aber in diesem Fall kann man der Pandemie etwas Positives abgewinnen. Jetzt war ich gezwungen, ein Auge auf die Beziehung zu werfen, ohne von diversen Projekten abgelenkt zu sein. Was merkwürdig ist, denn im Juli entdeckte ich ein Gerstenkorn am Auge, welches wundersamerweise verschwand, als M ausgezogen war. Meine Kieferschmerzen, die ich seit drei Jahren mit mir herumgeschleppt hatte, sind ebenfalls zurückgegangen, weil … ich offensichtlich Dinge nicht ausgesprochen habe, bei denen ich bisher die Zähne hatte zusammenbeißen müssen. So viel zum Thema, der Körper sendet Signale, die man erst mal richtig deuten muss. Und das, so glaube ich, habe ich jetzt getan.

In dieser einen Nacht, als ich mich knappe vier Stunden von der einen auf die andere Seite gedreht hatte, analysierte ich mich und meine Beziehung zu M. Ich stellte zum ersten Mal mit klaren Augen fest, dass ich eine Veränderung brauchte. Zum ersten Mal seit Jahren musste ich diese Entscheidung, so hart es klingen mag, ohne Rücksicht auf meinen Partner treffen. Über Monate hinweg hatte ich diese Einengung gespürt, dieses teilweise erstickende Gefühl keine Luft zu bekommen – ausbrechen zu müssen. Natürlich kamen da mehrere Faktoren zusammen. Corona, das damit verbundene Verbot Theater zu spielen, Shows zu inszenieren – Geld zu verdienen. Die ständige Beschallung im trauten Heim, meine Frustration in der Partnerschaft, der Drang mal wieder etwas zu fühlen, das nicht altbekannt ist und alleine zu sein.

Das ist es, was ich genau in diesem Moment brauche. Alleine mit meinem Netbook im Bett zu liegen, zu schreiben, Musik zu hören, einen Film zu schauen oder einfach nur ins Leere zu starren. Ich genieße gerade nichts mehr, als von einem Spaziergang mit einer Freundin nach Hause zu kommen, mich in die Badewanne zu legen, mir eine Kleinigkeit zu kochen, Yoga zu machen, einen Tee zu trinken und mich anschließend in mein Bett fallen zu lassen und so gut wie schon lange nicht mehr zu schlafen. Was ein weiterer Beweis dafür ist, dass nicht etwa eine Wasserader oder die Matratze daran schuld war, dass ich ewig gebraucht habe, um einzuschlafen. Denn mysteriöser Weise geht es seit Kurzem rasend schnell, dass ich das Licht ausschalte und mich zur Seite drehe, um wohlbehütet in einen sanften Schlaf zu fallen. Was aber natürlich auch nicht bedeutet, dass M daran schuld war. Das muss ich ganz klar und deutlich nochmal erwähnen. Ich denke, dass es hierbei tatsächlich viel mehr um mich und meine derzeitige Entwicklungsphase geht. M ist ein wunderbarer Mensch, der es verdient hat, genauso bedingungslos geliebt zu werden, wie er es tut. Der jemanden an seiner Seite braucht, der ihm zwar ab und an mal in den Arsch tritt, ihm aber so viel Liebe gibt, dass er gar nicht darüber nachdenken muss, ob ihm seine Arbeit langweilig ist.

Ich liebe diesen Menschen über alles! M ist und bleibt für immer in meinem Herzen und ich hoffe, dass wir es schaffen unsere Gefühle so weit zu beeinflussen, dass es möglich ist, aus dieser Beziehung als Freunde zu gehen. Das war vielleicht auch ein Grund, warum ich so dermaßen an dieser Partnerschaft festgehalten habe. Ganz zu Beginn hat er nicht nur einmal erwähnt, dass er sich nicht vorstellen könnte, nach einer Trennung mit mir befreundet zu bleiben. Wenn man zusammen ist, passiert das aus Liebe. Wenn man nicht mehr zusammen ist, ist da nichts mehr. Gott sei Dank hat sich seine Einstellung diesbezüglich geändert, da auch er eingesehen hat, dass es keinen Grund dafür gäbe, den anderen komplett aus dem Leben zu streichen. Schließlich haben wir uns weder im Streit getrennt, noch hat der eine den anderen betrogen oder hintergangen. M ist und wird dieser gemütliche und sehr genügsame Mensch sein, wofür ich ihn immer lieben werde. Ich habe jedoch auch für mich erkannt, dass ich ihm diese Liebe zum jetzigen Zeitpunkt nicht geben kann, da ich selbst erst einmal herausfinden muss, wer ich eigentlich bin. Und dafür muss ich alleine sein.

Ich würde lügen, wenn ich behaupten würde, dass mich diese gesamte Situation nicht wahnsinnig herausfordert. Dass ich an manchen Tagen richtig zu kämpfen habe, um nicht heulend in irgendeiner Ecke zu sitzen und mich zu fragen, warum alles so scheiße ist. Ich habe im letzten Jahr vieles über mich herausgefunden. Ich habe die Zeit genutzt, um zu reflektieren, meine Wünsche, meine Ziele und meine Einstellung zu überdenken und neu zu ordnen. Um ehrlich zu sein, befinde ich mich gerade an einem Punkt in meinem Leben, an dem ich mich selbst entdecke. An dem ich für mich herausfinden muss – und dieser Drang ist schon länger mein Begleiter – wohin ich will. Was dieses Leben für mich in Zukunft bereithält, was ich erreichen will, wo ich stehe und wer ich eigentlich bin. All diese Fragen möchte ich beantworten können – ohne mich einzuschränken, ohne einen anderen Menschen am ausgestreckten Finger verhungern zu lassen – so erging es M sehr oft. Ohne darüber nachdenken zu müssen, wen ich in diese Entscheidungen miteinbeziehen muss und wen ich damit verletzen könnte. Das ist auch ein wichtiger Punkt! Ich will M nicht mehr verletzen. Ich will nicht, dass er verzweifelt nach Liebe schreit. Ich will nicht, dass er weinend vor mir sitzt, weil ich es nicht schaffe, ihm die

Aufmerksamkeit zu geben, die er gerne hätte. Ich will nicht, dass er sich mit etwas zufriedengeben muss, weil ich nicht mehr zu geben habe. Ich will nicht, dass wir beide an einer Beziehung festhalten, nur weil es einmal so schön war. Und ich weiß, dass ich derjenige sein muss, der ihm das vor Augen führt. Auch wenn es am Anfang schwer für ihn ist und er auf den ersten Blick viel mehr leidet als ich. Trotzdem weiß ich, dass er es irgendwann erkennen wird. Er wird einsehen, dass es die richtige Entscheidung für uns beide ist. In den letzten Wochen und Monaten haben wir uns im Weg gestanden. Nicht nur einmal haben wir uns gegenseitig runter gezogen.

- *„Nein, heute habe ich keinen Bock mehr zu meinem Kumpel zu fahren."*
- *„Ach, weißt du was, du sitzt vorm PC – ich schmeiß mich auf die Couch und mach auch nichts."*
- *„Spazieren gehen? Ne, lass uns lieber Nip/Tuck schauen."*

Der Alltag ist das mieseste Arschloch, das es in Beziehungen gibt. Und er schleicht sich ganz leise in jede Partnerschaft ein. Anfänglich wirkt er ziemlich verlockend.

Man schafft sich sein eigenes, kleines und wohliges Heim, in dem man abends zur Ruhe kommen kann. Man genießt den tückischen Rhythmus, den man gemeinsam trommelt. Man tanzt sich in den Takt des wöchentlichen Einerleis. Und das Schlimmste daran ist? Es passiert uns allen. Wir Menschen sind Gewohnheitstiere. Bis zu einem gewissen Grad genießen wir es, wenn ein Tag dem anderen gleicht. Zu viel Abwechslung oder Überraschungen bringen uns schnell ins Schwitzen. Die einen lieben es, eine gewisse Struktur in ihrem alltäglichen Leben zu haben, andere wiederum verzehren sich nach Abenteuer und etwas Neuem.

Und diese beiden Typen sind M und ich. Genau das ist es, weshalb wir uns als Paar voneinander entfernt haben. Ihn stört es nicht, wenn wir nichts unternehmen, zusammen kuscheln und vor dem Fernseher einschlafen. Mich engt so etwas irrsinnig ein und deshalb war es für mich fast eine Explosion. Es musste aus mir heraus. Ich wollte nicht mehr die Zähne zusammenbeißen. Ich wollte diese Situation nicht länger akzeptieren. Ich musste den Mund aufmachen und hinausposaunen: *„Ich kann und will nicht mehr!“* Natürlich war es hart und schmerzhaft, einem geliebten Menschen wehtun zu müssen. Allerdings verstehe ich auch nicht, warum sich eine Trennung oftmals wie der Tod des Partners anfühlt. Nur weil es im Moment nicht mehr funktioniert, heißt das nicht, dass es nie wieder so sein kann. Ich könnte mir tatsächlich vorstellen, mit M gemeinsam alt zu werden – aber jetzt noch nicht. Ich will nicht mit meinen 29 Jahren entscheiden müssen, ob ich den Rest meines Lebens mit ihm verbringen will. Klar, das muss ich auch nicht. Aber ich wusste, wenn ich jetzt nicht den Schlussstrich gezogen hätte, wäre die ganze Situation viel schlimmer geworden. Hinzu kam, dass mein Körper mir zusätzlich klare Signale gesendet hatte. Wer weiß, wie heftig diese Mitteilungen noch geworden wären? Weshalb werden so viele Menschen krank? Weil die Psyche der Hauptauslöser ist? Das Unterbewusstsein und der Körper wissen, wenn einen etwas belastet. Dann bekommt man Signale aus dem Inneren gesendet. Wenn diese nicht erhört werden, greift der Körper zu immer härteren Mitteln. Warum bekommen manche unglücklich verheiratete Frauen nach Jahren eine Krebserkrankung? Weil sie womöglich all den Frust, die Verzweiflung und die Unzufriedenheit in sich hineinfressen und nichts an ihrer Situation ändern? *(An dieser Stelle muss ich ganz klar und deutlich sagen: Ich bin weder Arzt, noch habe ich irgendwelche Beweise für diese These. Aber hier geht es schließlich um meine*

Meinung und diese beinhaltet, dass Menschen das psychische und mentale Wohl manchmal außer Acht lassen.)

Schau auf dich! Hör in dich hinein. Tief im Inneren weiß man mit ziemlicher Sicherheit immer, was einen belastet. Man muss nur in sich gehen. Sich mit sich selbst auseinandersetzen und Fragen stellen. Was ist es, das mich unglücklich macht? Was muss ich ändern, damit ich mich wieder gut fühle? Und hierbei ist es ganz wichtig, dass man in solchen Situationen nicht versucht den Partner zu ändern. Das haben mich ganz viele gefragt: *„Ja, aber gibt es denn nichts, was ihr ändern könnt, damit es wieder besser funktioniert?"* Nein! Denn das, was jetzt noch zu ändern wäre, ist der Mensch an sich. Und das würde ich niemals wollen. Den Geschirrspüler auszuräumen, kann man lernen, aber die Tatsache, dass jemand liebesbedürftig oder genügsam ist, muss man akzeptieren. Deshalb bin ich davon überzeugt, dass es die richtige Entscheidung war.

Wir haben uns mit Anfang Zwanzig kennengelernt und sind beide kurz vor unseren Dreißigern. In dieser Zeit sind wir beide erwachsen geworden und haben uns in verschiedene Richtungen entwickelt – so ist das Leben. Wer weiß, vielleicht finden wir irgendwann einmal wieder zueinander – vielleicht auch nicht. Trotzdem hoffe ich, dass ich M immer in meinem Leben haben werde. Entweder als Freund, guten Freund, sehr guten Freund oder eben als Bekannten. Und wer hat überhaupt diese saudumme These aufgestellt, dass aufgewärmt nur Gulasch schmeckt? Ja, ich bin auch der Meinung, dass eine Trennung die nur ein paar Wochen andauert, nicht viel Sinn hat. Schließlich hat sich in sechs Wochen kein Mensch von Grund auf geändert. Das Leben steckt voller Überraschungen und wie ich in meinem Buch **LOVELAND** schon erwähnt habe, sollte man einfach immer offen für die Liebe sein. Manchmal ist es eine Liebe, die neu zum Leben erweckt wird, manchmal aber auch eine völlig unerwartete. Tatsache ist, dass die Nähe zu anderen Menschen existenziell ist. Sei sie temporär oder langfristig. Mit offenen Augen und einem offenen Herzen kann man grundsätzlich nichts falsch machen. Es ist ein Prozess. Keine Trennung ist leicht zu verarbeiten. Und dabei ist es völlig egal, wer von den beiden die Beziehung beendet hat.

***

Ich habe dieses Kapitel kurz nach der Trennung im März

verfasst. Jetzt sitze ich am 23. Juni 2021 vorm PC und korrigiere das komplette Manuskript. Ich lese dieses Kapitel zum ersten Mal seit dem Verfassen wieder durch und … fühle mich gut. M und ich sehen uns regelmäßig. Ist es an manchen Tagen komisch? Ja. Erfasst mich die Trauer in den seltsamsten Augenblicken? Beim Staubsaugen? Bei einer Filmszene? Ja. Stelle ich meine Entscheidung immer wieder in Frage? Definitiv. Und das ist meiner Meinung nach gut so. Wir sollten nie aufhören uns und unsere Entscheidungen zu hinterfragen. Fühle ich mich in Bezug auf die Trennung anders? Haben sich meine Gefühle ihm gegenüber in der letzten Zeit verändert? Wie geht es mir, seit ich alleine bin?

All diese Fragen stelle ich mir regelmäßig und ich bin zu dem Entschluss gekommen, dass es bis zum jetzigen Moment die richtige Entscheidung war. Ich liebe ihn und bin ihm unendlich dankbar für die vielen wunderschönen Jahre. Ich bin ihm dankbar, dass er mir so viel beigebracht hat, dass er mich in allem unterstützt, mich gestärkt, verstanden und umarmt hat. Ich bin ihm dankbar, dass er immer er selbst geblieben ist und auch nie versucht hat, mich zu ändern. Ich bin ihm dankbar für jeden einzelnen Augenblick, den wir gemeinsam verbracht haben. Wir sind beide miteinander gewachsen und haben so viel voneinander gelernt. Wir respektieren, wertschätzen und lieben einander. Daran wird sich niemals etwas ändern. Ich wünsche mir, dass er ewig ein Teil meines Lebens bleiben wird. Auf diesen wunderbaren Menschen möchte ich nie verzichten müssen. Selbst wenn es womöglich etwas schwieriger werden könnte, wenn wir einen neuen Partner haben. Doch darüber mache ich mir jetzt noch keine Gedanken. Die Zukunft kann ich nicht beeinflussen. Die Vergangenheit liegt hinter mir und im Jetzt weiß ich, dass ich mich jedes Mal freue, wenn er zur Tür hereinkommt. Als Freund, als ehemaliger Partner, als Mensch, der auf ewig, meine erste große Liebe sein wird.

VON LACKIERTEN FINGERNÄGELN UND FAMILIENFEHDEN

Akzeptieren ist nicht einfach

In einer Zeit, in der alle Gemüter erhitzt sind, die eigene Frustration an den Mitmenschen ausgelassen wird und buchstäblich jeder gereizt mit seinem Einkaufswagen voller Konservendosen und Toilettenpapier, die Person vor sich anpöbelt, weil diese den Mindestabstand nicht einhält – endet die eine oder andere Unterhaltung in einer lauten Diskussion. Wer kennt es nicht? Man sitzt völlig entspannt am Sonntag mit den engsten Verwandten im Garten und ahnt nichts Böses. Der Kaffee wird eingegossen, die neueste Delikatesse unter den Schokoladentorten angeschnitten und die Vögel zwitschern, weil endlich der Frühling da ist. Plötzlich hört man eine beiläufige Bemerkung über die fürchterliche Krise und schon wird aus einem harmonischen Beisammensein ein Schlagabtausch in Sachen Politik, Wirtschaft und Gesundheit. Keiner hört dem anderen zu, es wird wild gestikuliert und die Lautstärke steigt mit jedem gesprochenen Wort an. Wie wir wissen, sind ja nun seit geraumer Zeit alle in irgendeinem Themenbereich zu Experten mutiert und es scheint sich ein jeder dazu berufen zu fühlen, die gesamte Menschheit zu bekehren. Versteh mich nicht falsch, ich halte es für sehr wichtig, dass man sich austauscht und diskutiert. Nur vergisst man leider manchmal, dass eine Konversation nicht zwangsläufig in einer Familienfehde enden muss. Du merkst es bestimmt, ich neige schon wieder zur Theatralik.

Tatsache ist, dass der Mensch in einer noch nie dagewesenen Situation – und in solch einer befinden wir uns nun schon seit über einem Jahr – etwas überfordert sein darf. *(Kleine Anmerkung am Rande: Ich wollte es vermeiden über genau dieses Thema zu schreiben –musste aber einsehen, dass sich anhand dieses Beispiels die unterschiedlichen Generationen mit ihren eigenen Erfahrungen sehr gut aufzeigen lassen)* An dieser Stelle muss ganz klar erwähnt werden, dass wir alle Individuen sind und man keinesfalls verallgemeinern sollte. Trotzdem fallen mir in gewissen Unterredungen kleine Abweichungen in den jeweiligen Altersgruppen auf. Was mich darauf schließen lässt, dass sehr wohl die Zeit, in der ein Mensch aufgewachsen ist, die Erziehung, die er genossen hat und das soziale Umfeld, dem er ausgesetzt war, eine tragende Rolle spielen. Diese drei Aspekte sollte man grundsätzlich vor jeder Unterhaltung berücksichtigen. Zumindest hat mich meine Erfahrung zu diesem Entschluss kommen lassen. Es macht einen Unterschied, ob ich mit einem Gleichaltrigen über vegane Ernährung spreche oder mit einem 70-jährigen Opi. Was ich damit sagen will, ist, dass es von ungemeiner Wichtigkeit ist, sich zumindest ein bisschen in den Gesprächspartner hineinzuversetzen. Besonders wenn es um heiklere Themen geht, ist es klar von Vorteil, zu wissen wo dieser Mensch herkommt und was seine Hintergründe sind. Wenn man so gut wie gar nichts über den anderen weiß, sollte man vielleicht erst einmal über die Kindheit, Filme, Freizeitaktivitäten oder dergleichen sprechen. Warum? Weil Verständnis für mich etwas sehr Essenzielles ist. Es fällt einem manchmal sehr leicht, mit dem Finger auf jemanden zu zeigen. Sich zu fragen, warum diese Person sich so verhalten hat, ist meistens zu anstrengend. Wer hat denn um Himmels Willen überhaupt Zeit dafür? Ich glaube, dass ich es dir anhand eines Beispiels besser erklären kann.

Erst kürzlich hatte ich ein sehr interessantes Gespräch mit einem älteren Bekannten. Wir nennen ihn jetzt einfach mal Fritz. Fritz ist um die Fünfzig und ein lebensfroher, sympathischer und witziger Kerl. Selten hört man von ihm irgendetwas Negatives oder Abschätziges über andere Menschen. Allerdings ist mir aufgefallen, dass er sehr in dieser Männer-Frauen-Schublade denkt. *„Wieso lackierst du dir die Fingernägel? Das machen doch nur Mädchen!"* Natürlich ist mir klar, dass dieser Kommentar in keiner Weise böse gemeint war, aber ich empfinde es als meine Pflicht, Personen auf gewisse Dinge aufmerksam zu machen. Ganz wichtig! Das tue ich immer mit Respekt und Sachlichkeit. Ich habe Fritz darauf angesprochen und meinte, dass ich mich durch seine Äußerung nicht persönlich angegriffen fühle – andere Menschen, die vielleicht kein so gefestigtes Selbstwertgefühl haben, sich von solchen Aussagen jedoch verletzt fühlen könnten. Fritz war erst einmal schockiert und sagte nichts. Ein paar Minuten später holte er mich zur Seite und wollte unter vier Augen mit mir sprechen. *„Du weißt, dass das nicht auf deine Sexualität bezogen war und ich noch nie ein Problem damit hatte. Mich hat es vorhin ein wenig schockiert, dass du mich als homophob dargestellt hast."* Meine Antwort darauf: *„Es tut mir leid, wenn du das so interpretiert hast, aber es war zu hundert Prozent nicht als Angriff gemeint. Und dieses Wort habe ich auch ganz sicher nicht in den Mund genommen. Alles was ich wollte war, dich darauf aufmerksam zu machen, dass es andere Menschen verletzen könnte. Ich habe dich weder dafür* *verurteilt, noch mit dem Finger auf dich gezeigt. Wenn du so etwas vor einigen Jahren geäußert hättest, hätte mich das ehrlich gesagt sehr getroffen und ich kann gut nachvollziehen, dass solche Sätze wehtun können. Ich weiß, dass es nicht böse, sondern vielleicht sogar scherzhaft gemeint war. Trotzdem war es mir ein Bedürfnis, dir kurz die andere Seite aufzuzeigen, um dich dadurch dazu zu bringen, deine Aussage zu hinterfragen."* Ja, ich weiß. Für wen hält der sich, dass er andere vor den Kopf stößt. Wenn ihn diese Äußerung nicht betrifft, warum muss er sich dann wichtig machen? Es geht hier nicht um Zurechtweisung oder Belehrung. Mir persönlich ist es ein Anliegen, auf genau solche Dinge hinzuweisen. Und auch nur deshalb, weil ich nachempfinden kann, was ein „Dann-bist-du-aber-ein-Mädchen" anrichten kann. Mich kostete diese Floskel meine Ballettkarriere. Du findest das überzogen oder dramatisch? Ganz und gar nicht! Als Kind wollte ich unbedingt zum Ballett. Hörte aber nach nur wenigen Stunden damit auf, weil ein Klassenkamerad, der davon erfahren hatte, durch die Pausenhalle geschrien hatte, ich sei ein Mädchen.

Die Unterhaltung mit Fritz dauerte dann noch ein Weilchen und ich darf dir sagen, dass ihn mein kleiner Hinweis tatsächlich zum Nachdenken angeregt hat. Aber nicht nur für ihn war diese Konversation interessant, sondern auch für mich. Die Tatsache, dass er der Meinung war, dass ein Mann, der mit lackierten Fingernägeln auf die Straße geht, sich dessen bewusst sein muss, dass er entweder schräge Blicke oder dämliche Sprüche hinterher geworfen bekommt. Er dürfe sich eben nicht wundern, wenn die Menschen so reagieren. Es ist seine Entscheidung, Nagellack zu tragen, aber er muss sich der Konsequenzen bewusst sein. Die Welt ist eben noch nicht so tolerant, wie es manchmal den Anschein macht. Da gebe ich ihm recht. Doch bei der anderen Sache musste ich noch einmal nachhaken.

Grundsätzlich stimmt es, was Fritz gesagt hat. Natürlich ist mir klar, dass es immer noch Menschen gibt, die einen komisch ansehen, wenn man mit schwarzen Fingernägeln das Kleingeld auf den Tresen legt. Diese Tatsache empfinde ich allerdings als äußerst traurig. Warum ist das so? Warum muss ein Mann, der bunte Nägel hat, sich darauf gefasst machen, dass er, sobald er die Wohnung verlassen hat, beschimpft wird? *„Na ja, wenn man sich dem Risiko nicht aussetzen will, dann bemalt man sich seine Finger erst gar nicht."* Nein! Und genau deshalb werde ich auch in Zukunft meinen Mund nicht halten. Denn solange irgendjemand wegen seiner lackierten Fingernägel mit der Gewissheit außer Haus gehen muss, dass er eventuell angepöbelt werden könnte, werde ich nicht still sein.

„Ja, aber irgendwie sind zurzeit alle schnell beleidigt. Man muss ja echt bei jedem Satz aufpassen, was man sagt. Die Leute fühlen sich sofort angegriffen!“ Ganz so ist das nun auch wieder nicht. Zwar bin ich der Meinung, dass nicht jeder Satz und jede Äußerung sofort auf die Waagschale gelegt werden müsste – zumal es immer darauf ankommt, wie und in welchem Tonfall diese Äußerung getätigt wird – aber man sollte nicht alles überhören oder runterschlucken. Solange es verwerflich ist, anders zu sein, müssen Menschen, die schikanieren oder beleidigen, darauf hingewiesen werden. Natürlich kann das für jemanden, der die Toleranz und Akzeptanz in Person ist, anstrengend sein – dennoch glaube ich, dass wir irgendwann in einer Welt leben, in der alle so sein können, wie sie wollen. In meinem sogenannten **LOVELAND** – oh, entschuldige – falsches Buch!

Nein, ohne Witz. Ich habe Fritz dann noch ein gutes Beispiel gegeben: *„Stell dir vor, die Frauen hätten nicht irgendwann angefangen, sich für ihre Rechte einzusetzen. Wären Sie* *damals nicht auf die Straße gegangen, um sich gegen dieses engstirnige Bild einer Frau zu wehren, würden sie immer noch weniger als Männer verdienen, in den Augen vieler weniger wert sein und nicht die gleichen Chancen haben. Hoppla, da ist mir schon wieder ein Fehler unterlaufen! Das ist ja leider heute teilweise nicht anders. Siehst du und genau deshalb ist es so verdammt wichtig, dass sich für jegliche Art von Gleichberechtigung eingesetzt wird. Sei es für Frauen oder eben Männer mit Nagellack."*

Niemand sollte sich selbst als minderwertig erachten oder anderen dieses Gefühl geben. Ich kann immer noch nicht nachvollziehen, warum sich manche Menschen einen höheren Wert beimessen als anderen. Fritz hat das ganz sicher nicht so gemeint und weil ich ihn kenne, weiß ich das auch. Somit kommen wir auch wieder zu dem ursprünglichen Thema dieses Kapitels. Ich weiß, in welcher Zeit er aufgewachsen ist. Ich kenne seine Eltern und die Erziehung, die er genossen hat. Damals war man eben noch nicht ganz so offen wie heute und das ist okay. Wen soll man denn verantwortlich dafür machen, dass über Jahrzehnte hinweg dieses starre Bild der Frau als das einzig richtige angesehen wurde? Wer hat gesagt, dass schwule Männer Ausgeburten der Hölle sind? *(Gut, da habe ich einen Verdacht, aber psst!)* Wen soll man verklagen, weil sich die Ansicht durchgesetzt hat, dass Menschen anderer Ethnien nicht zivilisiert genug sind?

Gewisse Vorurteile haben sich in all den Jahren in den Köpfen der Menschen eingenistet. Jetzt mit den Fingern auf ältere Generationen zu zeigen, empfinde ich als nicht richtig. Aus meiner Sicht kann man mit jedem ruhig und sachlich reden. Ansichten kann man ändern – wenn man das will. Und Männer, die von ihrer Meinung, dass Lesben nur mal richtig gebumst werden müssen, um wieder hetero zu werden, nicht abweichen wollen, muss man akzeptieren. Man kann niemanden zum Umdenken zwingen, aber man kann es zumindest versuchen.

Hierbei kommt es, glaube ich, weniger darauf an, zu welcher Zeit ein Mensch geboren, sondern wie jemand erzogen wurde oder welcher Typ man ist. Ist es jemand, der generell sehr offen für Neues ist und gerne etwas ausprobiert? Oder begegnet man jemandem, der einzig und alleine seine eigene Meinung und die der Eltern akzeptiert? Jeder wie er will, oder? Man tut sich selbst auch einen großen Gefallen, wenn man nicht versucht, sein Gegenüber oder dessen Ansichten ändern zu wollen, wenn die Motivation gar nicht vorhanden ist. Akzeptanz ist nicht auf die Sexualität, die Herkunft, die Essgewohnheiten oder die Lebensweise beschränkt. Akzeptanz betrifft auch Meinungen und Überzeugungen. Es liegt an jedem einzelnen von uns, diese zu akzeptieren. Mag es auch noch so schwierig sein!

Und damit kommen wir auch wieder zurück zu unserem wunderschönen Nachmittag mit der Familie. Diese kann man sich bekanntlich nicht aussuchen. Und gerade, wenn die unterschiedlichsten Altersgruppen zusammenkommen, treffen die verschiedensten Erfahrungen aufeinander. Die **Oma**, die immer noch das Bild im Kopf hat, dass eine Frau nichts zu sagen hat und deshalb nur wenig zu den heiklen Themen beiträgt, gelegentlich lacht und versucht den Lautstärkepegel niedrig zu halten. Sobald die Verwandten dann abgezogen sind, sich aber gerne darüber auslässt, wie unangebracht jenes Geschenk des Bruders, oder wie fürchterlich die Freundin des Enkels angezogen war. Der **Opa**, der die Jugend heutzutage für dumm erachtet und nicht versteht, warum die "*gsunde Watschn*" abgeschafft wurde. Schließlich hat er sein Leben lang gearbeitet und die Kinder können dieses Wort noch nicht einmal richtig buchstabieren. Er ist auch der mit dem lautesten Organ am Tisch und steigt partout nicht von seiner Meinung runter, dass die Welt sowieso dem Untergang geweiht ist. Mal ganz davon abgesehen, dass er sich fürchterlich darüber aufregen kann, weil es heute kein Fleisch zu Mittag gegeben hat. Und überhaupt kann er nicht nachvollziehen, warum die Tante Irma mit dem Onkel Heinrich zusammen ist. Schließlich arbeitet der ja auch nichts – was er genau weiß, denn sein "*Spetzl*" kann jeden Lohnzettel im Internet finden. Laut ihm hat Onkel Heinrich seit zwei Jahren keine Steuern bezahlt. Die **Tante**, die der Meinung ist, dass alle nach ihrer Pfeife tanzen müssen und sich in jedem Haushalt für die Befehlshaberin hält. Schließlich ist es unerhört, dass der Cousin bei der Uroma wohnt und nur 150 Euro Miete zahlt. Außerdem ist er Maler, was ja gar kein richtiger Beruf ist. Noch dazu versteht sie nicht, warum die Nichte mit ihrem Freund Schluss gemacht hat. Der war ja so ein lieber Kerl. Obwohl die Tante, als sie noch zusammen waren, gerne über ihn hergezogen ist und davon überzeugt war, dass er ihre Nichte zu wenig finanziell unterstützt und etwas mehr im Haushalt hätte tun können – vom Rasenmähen mal ganz abgesehen. Der **Cousin**, der seine Familie sehr gern hat und es sich leisten kann Weihnachten allen die tollsten Geschenke zu machen. Er selbst möchte aber nicht, dass seine Familie zu viel Geld für ihn ausgibt.

Das wiederum passt dem Onkel Heinrich nicht, der ihm trotzdem immer etwas unter den Christbaum legt, worüber sich der Cousin bei der Oma fürchterlich aufregen kann. Der **jüngste Sohnemann**, der täglich eine neue Idee hat, wie er den größten Reichtum erlangen könnte. Sei es durch eine Ausbildung in einem fremden Land, einen Partylieferservice, eine eigenen Werkstatt oder eine Karriere als Autorennfahrer. Der Diskussionen nicht mag, sich noch ein Stück Torte nimmt und sich mit den Worten: *„So, tschüss“* aus dem Staub macht, um seiner Leidenschaft als Live-Streamer nachzugehen. Und dann wäre da noch der **ältere Sohn**, der versucht, die Familienmitglieder im Zaum zu halten, damit die Lage nicht völlig eskaliert. Aber wer hört schon einem Freigeist zu, der sich vegan ernährt, Bücher schreibt und sich die Fingernägel lackiert?

SCHEISSTAGE

Die Melancholie und ich

Kennst du solche Tage, an denen man die ganze Zeit heulen könnte? Alles fühlt sich falsch an und man stellt sich selbst und sein Leben in Frage? Man zweifelt an jeder einzelnen Entscheidung, die man getroffen hat und grübelt über die Gesamtsituation? Sieht man aus dem Fenster, regnet es in Strömen und kein Sonnenstrahl vermag das Gemüt zu erhellen. Plötzlich erwacht diese Melancholie, die einem das Gefühl gibt, ein Versager zu sein. Wie oft ich solche Tage habe? Immer mal wieder. Kann man daraus etwas Gutes zaubern? Definitiv.

Hätten wir jeden Tag ein Hoch, wäre es nichts Besonderes mehr, richtig? Ist es nicht so, dass uns gerade die Stunden, in denen wir am liebsten im Bett bleiben, die Vorhänge zuziehen und uns in der Unsicherheit vergraben, motivieren? Brauchen wir nicht speziell nach diesem Tief einen Schubs, den wir uns selbst geben? Da wacht man nach einem verheulten Mittwoch auf und lächelt erst einmal über das gestrige Selbstmitleid, schon startet man mit einem Lächeln in den neuen Tag. Nach dem Motto, was uns nicht tötet, macht uns nur stärker. Aber sehen wir uns diese sentimentalen Phasen etwas genauer an. Schließlich gibt es da genügend Auslöser oder Verursacher.

Prädestiniert für jegliche Melancholie ist ein Beziehungsende. Erst vor wenigen Minuten habe ich ein Bild von meinem Exfreund bekommen, der mit gesamter Familie den Geburtstag seiner Mutter feiert. Fühle ich mich beschissen? Da kannst du Gift drauf nehmen. Vermisse ich seine Eltern, seine Geschwister, seine Neffen und Nichten? Das Gefühl, wenn man ins Haus kommt, es nach gutem Essen riecht, man sich austauscht und gemeinsam lacht? Ich bekomme jetzt schon feuchte Augen, wenn ich an das kommende Weihnachten denke. Es wird das erste Mal seit neun Jahren sein, dass wir es nicht gemeinsam verbringen. Kein freudiges Zusammenpacken der Geschenke, kein Stress nach der Bescherung bei meiner Familie, kein Raclette am riesigen Tisch bei meinen Schwiegereltern, keine leuchtenden Kinderaugen und kein Besuch am zweiten Weihnachtsfeiertag bei seiner Oma in den Bergen. Du merkst, heute geht's mir richtig mies. Muss das hin und wieder so sein? Ich denke ja. Solange diese blöden Stunden nicht mehrmals pro Woche auftreten, besteht kein Grund zur Panik. Hinzu kommt ja auch, dass dieses böse C unseren Alltag leider immer noch einschränkt. Was bedeutet, dass die Ablenkungen und spontanen Motivationsbesuche von geliebten Freunden eher schwierig sind.

Auch ein sehr beliebtes Thema an tragischen Tagen sind Kindheitserinnerungen. Man findet irgendein altes Fotoalbum und denkt zurück an die unbeschwerte Zeit. Grundsätzlich ist es nichts Schlechtes, eine Reise in die Vergangenheit zu wagen. Wenn man aber schon heulen könnte, weil der Geschirrspüler wieder Kalkflecken an den Weingläsern hinterlassen hat, sollte man den Herzschmerz auf einem Minimum halten. Es sei denn, man beabsichtigt den Tränenhaushalt mal völlig zu entleeren – dann kann ich dir Kindervideos, Kisten mit altem Spielzeug, Tagebüchern und längst vergessenen Schätze sehr empfehlen. Auch wenn es eine 50:50 Chance ist, wie sich dieses bewusste vor Augen führen, was einmal war und nie wieder kommen wird, auf deine Stimmung auswirken wird. Es kann Balsam für die Seele sein, sich das Lieblingspolster an die Wange zu halten, die Freundschaftsbücher durchzublättern oder die US5-Mappe mit all den gesammelten Zeitungsartikeln zu studieren. Wenn es ganz schlimm kommt, wird aus ein paar wehmütigen Tränen ein kleiner Nervenzusammenbruch. Das Leben als Erwachsener ist an Tagen wie diesen, ohnehin richtig elend. Warum kann man nicht wieder Kind sein? Da gab es keine Existenzängste, keine Beziehungsprobleme, Geldsorgen oder Panikattacken, wenn man entdeckt, dass kein Wein mehr im Kühlschrank steht. Als Kind war alles einfach. Das Dramatischste, was einem passieren konnte, war ein Fünfer in Mathe oder die Stimme der Mutter, die im Hof erklang und rief: *„Daniel, Marcel … eina geh!“* Da brach schon einmal eine ganze Welt zusammen, wenn man gerade mit der besten Freundin Pokebälle gebastelt und die Uhr Sieben geschlagen hat. Und das Allerschlimmste an dieser Geschichte? Die Eltern versuchen einem immer und immer wieder zu prophezeien, dass das Erwachsensein gar nicht so toll ist, wie man sich das als Kind ausmalt. *„Das ist doch nur ein Trick, damit wir uns länger an ihre Regeln halten. Die wollen nicht, dass wir erwachsen werden. Dann können wir tun und lassen, was wir wollen und müssen nicht mehr im Sitzen pinkeln.“* Tja und dann ist es so weit und man wünscht sich nichts sehnlicher, als sonntags in Mamas Bett zu krabbeln um alle Sorgen "*weggebusselt*" zu bekommen.

Der größte Feind an melancholischen Tagen? Warum bin

ich hier und was ist der Sinn des Lebens? Üblicherweise verschwendet man nur wenige Gedanken an diese äußerst schwierige Frage. Aber exakt dann, wenn man davon überzeugt ist, dass nichts jemals wieder schön sein wird, produziert unser Gehirn ein Meer von diesen unbeantwortbaren Fragen. Was geschieht nach dem Tod? Bin ich gesund? Werde ich lange genug leben, um alles tun zu können, was ich mir vorgenommen habe? Wie lange leben meine Eltern noch? Bis wann muss ich Kinder bekommen haben, um nicht als Großmutter zu gelten, wenn ich die Quälgeister zur Schule bringe? Gibt es da draußen jemanden, der perfekt zu mir passt oder habe ich meinen Seelenverwandten bereits in die Wüste geschickt? Werde ich alleine sterben? Was ist, wenn nichts mehr ist, wenn das was ist, aber ja das ist, was ist?

Hattest du diese Gedanken auch schon einmal? Man liegt im Bett und stellt sich vor was geschieht, wenn man nicht mehr existiert? Man versucht sich vorzustellen, dass nach dem Tod nur noch Schwärze ist. Man fühlt nichts mehr, man denkt nichts mehr, man … ist einfach nicht mehr? *(Alleine aus diesem Grund, dass es dem Menschen irgendwie unmöglich ist, sich vorzustellen, dass da nichts mehr ist – ist für mich Beweis genug, dass es eben doch etwas gibt. Kannst du mir noch folgen?)* Gott sei Dank kommen diese fürchterlichen Fragen immer seltener zu Besuch. Als Kind lag ich oft Stunden boxend und trampelnd im Bett, weil es mir nicht begreiflich werden konnte, was mit mir geschieht, wenn ich einmal nicht mehr atme. Ein Psychologe hätte vermutlich diagnostiziert, dass ich ein chronischer "Zerdenker" bin und mich im Anfangsstadium der Melancholie befinde. Ja, meine werten Leserinnen und Leser, ich denke, dass auch daher meine sehr ausgeprägte Fantasie rührt. Das Problem mit dem „Nicht-einschlafen-können“, weil mein Kopf nicht die Schnauze halten wollte, hat mich schon in jungen Jahren belastet. Und mit beinahe dreißig hat sich daran wenig geändert. Der Vorteil? Heute könnte ich mir theoretisch eine Schlaftablette reinpfeifen oder … du ahnst es … den Weinvorrat plündern. *(Entschuldige, falls du nun erneut den Verdacht hegst, dass ich damit ein Problem haben könnte. Um Himmels Willen, nein! Mir geht es gut. Ja, ich trinke gerne ein gutes Gläschen, kann aber behaupten, dass ich mich noch nie ins Delirium getrunken habe. Ich war immer Herr meiner Sinne und bin ein Meister darin zu erkennen, wann ich aufhören muss. Und es heißt ja nicht umsonst, dass ein "Achterl" gut für die Gesundheit ist.)*

Ganz egal, wodurch sich unsere Tagesverfassung

verschlechtert und die Melancholie in uns gefüttert wird – es wird besser. Manchmal mögen wir uns selbst nicht, finden alles doof, sind nervlich ein Wrack und schließen uns am liebsten in unseren eigenen vier Wänden ein. Der Tag hat glücklicherweise nur 24 Stunden und die sind irgendwann um.

Mein Tipp: Rein in die Jogginghose, Fernseher an, Packung Chips aufreißen oder Eiscreme aus dem Gefrierfach holen, dazu Weißwein und schnell in eine kuschelige Decke einhüllen. Ganz nach Belieben einen Film, eine Serie oder ein gutes Buch reinziehen und wenn es beliebt, drauf losheulen. Wer sich die Hardcore-Dröhnung mit der besten Heulkrampfmusik geben will – auch okay. Es kann so befreiend sein, alles rauszulassen. Da darf man sich selbst auch richtig bemitleiden. Wichtig dabei ist nur, dass es eben kein Dauerzustand wird. Wir Menschen neigen dazu, unsere Gefühle zu verstecken oder unter einem dicken Mantel zu verhüllen. Wenn man diesem Frust keine Beachtung schenkt, bekommt er keine Luft und befreit sich explosionsartig. Oder, und das ist natürlich das Worst-Case-Szenario, man wird krank, weil man alles in sich hineinfrisst. Um dies zu verhindern, nimm dir die Zeit und schreie drauf los. Ich habe es geliebt, auf dem Nachhauseweg, das Radio laut aufzudrehen und mit voller Inbrunst das Lenkrad anzubrüllen. Klar, es konnte nichts dafür, schließlich hätten es die verdammt unfreundlichen Kundschaften verdient, aber wir sind ja professionell. Und ich bin überzeugt, dass die "Scheisstage" ein automatischer Mechanismus unseres Körpers sind. Wenn wir zu lange versuchen uns selbst und alles in unserem Leben zu kontrollieren, kippt der Schalter und wir fühlen uns miserabel. Vielleicht ist es auch eine Art Warnsignal, welches uns mitteilen will, dass wir entweder einmal wieder richtig entspannen müssen, ein Urlaub nötig ist oder wir all den Frust laut hinausbrüllen sollen. Optional für die, die nicht so gerne schreien, hilft auch losgelöst weinen. Wer davon überzeugt ist, dass er schlichtweg nicht gut geschlafen hat und sich deshalb nicht auf der emotionalen Höhe befindet, der muss nicht von einer Sinnkrise ausgehen. Es gibt auch kleinere Übel, die mit einfachen Mitteln bewältigt werden können. Bei mir funktionieren zum Beispiel lange Spaziergänge oder Yoga. Ja, okay bei starkem Regen sollte man die Variante im Bett bevorzugen. Wenn das Wetter draußen einigermaßen stabil ist, dann Kopfhörer auf und raus in die Natur. Klingt ausgelutscht? Ist es aber nicht.

Vertrau mir! Ich war mit Sicherheit kein Freund des Waldes. Da sind Tierchen, die ich unabsichtlich in meiner Kapuze mit nach Hause nehmen könnte. Mal ganz davon abgesehen, dass diese ekelerregenden Zecken überall lauern. Durch meinen Aufenthalt in der Hütte letztes Jahr, bin ich ganz ehrlich auf den Geschmack gekommen. Es ist zwar unausweichlich gewesen, dass ich ein paar winzige Panikattacken beim Anblick einer fetten Spinne unter der Sitzgarnitur bekam, aber grundsätzlich gibt es nichts Besseres, als zu *Best of Fleetwood Mac* den Gedanken freien Lauf lassen.

Und was geschieht nach solch einem tristen Tag? Wie oben erwähnt, hatte ich gestern einen dieser richtig miesen Mittwoche. Ich habe mir dann etwas Gutes gekocht, mich danach noch aufs Ohr gehauen *(das hilft teilweise auch)*, mich nach dem Aufwachen in die Badewanne geschmissen, noch ein paar E-Mails verschickt und mir mit einer Packung *Nic Nacs* endlich *Friends* reingezogen. Und heute geht's mir wahnsinnig gut. Schon beim Öffnen meiner Augen spürte ich die Energie in mir.

Die Moral von der Geschichte? Ich als Teilzeit-

Melancholiker brauche ein gewisses Maß an Dramatik in meinem Leben. Nicht, dass ich es erzwingen würde – aber es hilft mir manchmal, mich wieder besser fokussieren zu können. Ich nehme diese Gefühlslage und den Zustand dieser Phasen an, akzeptiere sie und versuche das Beste daraus zu machen. Das möchte ich auch dir ans Herz legen. Na, dann fühlst du dich heute nicht so gut. Selbst wenn du zu einem Treffen mit der liebsten Freundin verabredet bist, musst du nicht irgendwelche Lügen erfinden, um sie zu vertrösten. Jeder kennt das Gefühl, wenn es einem hundeelend geht und wirklich jeder sollte Nachsicht zeigen. Lass den Frust raus, zieh dir deine Liebesschnulze rein oder eine Playlist mit dem Titel "Herzschmerz und Selbstmitleid". Das darf man! Man darf sich auch mal schlecht fühlen. Man darf sich selbst und das Leben mal scheiße finden. Es tut gut. Es tut so wahnsinnig gut, das alltägliche Leben zu pausieren, um sich selbst zu resetten. Das muss auch gar nicht wegen eines miesen Tages passieren. Gönn dir auch an besonders schönen Tagen eine Auszeit. Brüll dein Lenkrad an, wenn der Chef dich unfair behandelt hat. Geh in den Keller und trete ein paar Mal auf den Sandsack ein, weil deine Mutter nicht aufhören kann, alles an dir zu kritisieren. Fahr auf einen Schrottplatz und schlag Autos klein, weil dein Exfreund dir das Herz gebrochen hat.

Täglich reißen wir uns zusammen, sind fröhlich, friedlich und freundlich. Da kann einem schon mal das Gesicht vom Grinsen wehtun. Aus diesem Grund gibt es die Melancholie, die uns erlaubt, mal nicht perfekt sein zu müssen. Mal nicht geschminkt, ideal gekleidet und top motiviert durch die Straßen zu laufen, als seien wir Carrie Bradshaw, die sich ja so wohl in ihrer Haut fühlt, wenn sie in ihren Manolo Blahnik auf dem Weg zu einem unsagbar heißen Date mit Mr. Big ist. Nein, wir dürfen uns auch mal gehen lassen, uns in der Jogginghose zu *Think Twice* von Celine Dion, mit einem Becher *Netflix and Chill* unserer treuen Katze das Fell vollheulen. Falls jemand fragt – du hast heute deinen Scheisstag und der steht dir verdammt noch mal zu.

PS: Im Anhang findest du meine ganz persönliche Herzschmerz und Selbstmitleid Playlist. Viel Spaß :)

WARUM GEHST DU NICHT ZUM FERNSEHEN?

Castingshows und andere Formate

Schon mit sechs Jahren war mir klar, dass ich auf die Bühne gehöre. Ich träumte davon mit den Spice Girls zu singen oder in die Zauberkugel der Mini Playback Show zu gehen. In diesem Kapitel möchte ich meine Erfahrungen im Showbusiness mit dir teilen. Es gab unvergessliche Momente, schöne Erinnerungen, unglaubliche Begegnungen und wahre Enttäuschungen. Möchte ich auch nur einen einzigen Augenblick missen? Auf keinen Fall!

Von klein auf faszinierte mich alles, was mit Musik zu tun hatte. Ich besaß hunderte Kassetten mit Videos von Jeanette Biedermann, Madonna, Geri Halliwell und Shania Twain. Damals gab es noch kein YouTube und man musste bei MTV oder VIVA stundenlang warten und hoffen, dass endlich das langersehnte Musikvideo zu *Doctor Jones* von Aqua gezeigt wird. Und ich versichere dir, ich drückte jedes Mal auf Aufnahme – ganz egal, ob sich *Frozen* schon zehnmal auf einer anderen Videokassette befand. Ich grölte zu *I'm gonna miss you forever* von Aaron Carter in mein Plastikmikrofon, ging meiner Familie damit manchmal ziemlich auf die Nerven und liebte es! Irgendwann nachdem ich mich zum ersten Mal getraut hatte, vor der gesamten Schule *Küsschen, Küsschen* von den Schlümpfen zu performen – wurde es beinahe zu einer Tradition, dass ich vor meiner Klasse sang. *That's the way it is* von Celine Dion wurde monatelang vorbereitet und zitternd neben meiner Lehrerin mittels CD-Player und Originalplayback dargeboten. Ob es meine Mitschüler gefeiert haben, weiß ich nicht mehr. Alles woran ich mich erinnere, ist das Gefühl, das ich bis heute habe – Lebendigkeit.

In der Hauptschule meldete ich mich für das Freifach Chorgesang an und mein Musiklehrer erkannte rasch, dass ich ein gewisses Talent hatte. Schnell war klar, wer die Solos bei Gottesdiensten bekam und somit wurde ich zum kleinen Star der Schule. In der vierten Klasse händigte mir ebendieser Lehrer eine Anmeldung zu einem Gesangswettbewerb in einem Shoppingcenter aus und ich bin ihm bis heute unendlich dankbar dafür. Natürlich hatte ich schon einige Bühnenerfahrungen gesammelt, aber die Nervosität blieb.

Die Gesangswettbewerbe wurden zu fixen Terminen und ich ließ beinahe keinen einzigen aus. Von Graz nach Wien, Wels und wieder Wien. Mit meinen vierzehn Jahren war ich meist der einzige Junge und hatte damit schon einen großen Vorteil. Zumal ich mir mein Lampenfieber nie anmerken ließ und mich auf der Bühne als alter Showhase präsentierte. Hinzu kam eine Stimme, die mit Songs von Christina Aguilera und Evanescence den Zuseherinnen und Zusehern Gänsehaut bescherten konnte. Tja und dann kam der gefürchtete Stimmbruch. Durch diese Zeit geleitete mich mein damaliger Gesanglehrer, eine polnische Opernkoryphäe, die mich selbst gerne als Papageno gesehen hätte. Nach knapp zwei Jahren waren der Stimmbruch und auch der Unterricht mit ihm beendet und ich stürzte mich auf größere Herausforderungen. Nachdem ich beim größten Live-Gesangswettbewerb Österreichs drei Jahre in Folge mit Platz 3 und 2 vertröstet wurde – kehrte ich meinem Heimatland den Rücken und versuchte es bei unseren deutschen Nachbarn.

Obwohl ich in Österreich viele namhafte und einflussreiche Menschen der Musikszene kannte, ließen mich alle im Regen stehen. Da gab es einen älteren Herrn, der mich in seiner Weihnachtsshow haben wollte. Sie sollte in der Wiener Stadthalle abgehalten werden und ich wäre einer der Künstler, die die Chance hätten, gesehen zu werden. Daraus wurde nichts, aber daran war ich irgendwie schon gewöhnt. Ein anderer bekannter Musiker lud mich zu einer Jamsession mit seiner Band ein. Der Plan – ich, der vierzehnjährige Schüler, sollte als Backgroundsänger fungieren. Leider hatte ich zu dieser Zeit noch keinen Schimmer von Terzen oder Harmonien. Im Nachhinein betrachtet glaube ich, dass er wirklich etwas in mir sah – ihm die glorreiche Idee aber letztendlich auch etwas utopisch vorkam. Zumal die Coverband, die sich auf lateinamerikanische Tanzmusik spezialisierte, niemals auch nur einmal gesehen war. Auch der Künstler, der in jener Zeit oftmals auf Kaffee und Kuchen vorbeikam, schien mich echt zu mögen. Trotzdem wurde aus all den tollen Versprechungen nichts.

Ganz anders bei einem Gentleman, der mich kurz nach meinem ersten Auftritt kontaktierte. Es handelte sich hierbei um einen der erfolgreichsten Schlagerproduzenten. Ihm verdanken wir dutzende Hitparadensongs, die ein Mann aus einem bestimmten Bundesland besingt. Auch wenn ich noch grün hinter den Ohren war, wusste ich, dass mich Schlager- oder Volksmusik niemals glücklich machen würde. Klar wäre ich als blonder Bursche beliebt bei den Omis und Opis gewesen, denn: *„Der kann jo so scheen singa!“* Nach einem längeren Gespräch bedankte ich mich bei ihm und empfand das Angebot schon als Bestätigung genug. Wie schon erwähnt, war ich nach so manchen leeren Versprechungen der Meinung, dass Österreich sowieso zu klein für mich war. Nachdem auch die diversen Produzenten in der Jury offen und ehrlich meinten, dass sie nicht wussten, was sie mit mir anstellen sollten, war mir klar geworden: Ich passte in keine Schublade! Tja, meine Rede.

Im Alter von achtzehn Jahren füllte ich die Anmeldung für die erste Castingshow meines Lebens aus. Mein damaliger "Produzent" und "Songwriter" meinte, dass wir eine größere Plattform nutzen sollten, um besser auf mich aufmerksam zu machen. Leider haperte es an der Songauswahl. Obwohl die Lady in der Jury sehr begeistert von mir war, schien Deutschlands Musikmogul der Meinung zu sein, dass ich exakt wie der Originalinterpret klänge und er lieber eben diesen herbestellen würde, anstatt einen billigen Abklatsch weiterzulassen. Der Dritte im Bunde, der zuvor noch Models lehrte, wie man in hochhackigen Schuhen läuft, mochte meine Art nicht. Etwas traurig fuhr ich mit einem nicht ausgestrahlten Auftritt wieder nach Hause und hatte erst mal die Schnauze voll vom Fernsehen.

Die Periode der Frustration hielt nicht lange an. Bereits ein Jahr später bekam ich die Zusage für den Termin einer anderen Castingshow. Dieses Mal sollte nur der Gesang im Vordergrund stehen und keine akrobatischen Künste oder tanzenden Hunde. Im Jurycasting rettete mir mein Acapellasong *Me and Bobby McGee* von Janis Joplin den Arsch – da die Juroren mein *Stay* von Hurts nicht ganz überzeugen konnte. Letztendlich schaffte ich es in die nächste Runde, da mir alle drei ein JA gaben. Nun hieß es, mehrere Tage nach Düsseldorf zu fahren, um mich dort in einem Bootcamp zu beweisen. Was war das für eine spannende Erfahrung. Nächtelanges Proben, nervenaufreibende Entscheidungen, Gesangsbattles, Tanzproben und kaum Schlaf. Mit meinem Kontrahenten verstand ich mich vom ersten Moment an und ich wusste, der Song *Animal* von Neon Trees würde uns auf der Bühne so richtig Spaß machen. Dann geschah etwas Unerwartetes. Die Blondine in der Jury bestellte uns zu sich und offerierte uns das Angebot ein Duo zu gründen.

Wir beide seien eine wahnsinnig spannende und geniale Kombination. Na, warum auch nicht? Und schon wurde uns mitgeteilt: *„Ihr seid weiter!“* Berlin, wir kommen!

Knapp zwei Monate lang trafen mein Partner und ich uns regelmäßig entweder bei ihm in Tirol oder bei mir in Oberösterreich. Es entstand eine Freundschaft und wir konnten es kaum erwarten unsere Fähigkeiten erneut unter Beweis zu stellen. Der Song, für den wir uns letztendlich entschieden hatten, war jedoch nicht die beste Wahl. Klar, waren wir in gewisser Weise *Wild Boys* aber irgendwie wollte der Klassiker von Duran Duran nicht zu uns passen. Auch Jason Derulo war nicht ganz überzeugt. Letztendlich entschied sich unsere Mentorin aber für uns. Was bedeutete, dass wir uns den Einzug in die Live-Shows ersungen hatten. Wir konnten unser Glück kaum fassen und wussten, dass uns von nun an Großes bevorstehen würde. Interviews, Pressetermine und Fotoshootings standen auf unseren Terminkalendern. Der Oberwahnsinn war, dass wir es eine Woche vor der ersten Show auf die Titelseite eines Teeniemagazines geschafft hatten. Hinzu kam eine Doppelseite im Heft und ein Poster! Das war der Moment, als wir uns sicher waren, dass wir nur noch einen kleinen Schritt vom großen Ruhm entfernt waren.

Die Enttäuschung ereilte uns rasch. Bereits nach unserem schrägen Auftritt zu *When will I be famous* von Bros war Ende im Gelände. Ob ich daran schuld war, kann ich nicht beurteilen. Womöglich war es der Name unseres Duos, die schrillen Outfits, meine nicht ganz saubere gesangliche Leistung oder die Tatsache, dass wir weniger Sendezeit bekamen als andere Kandidaten. Es könnte natürlich auch sein, dass die Plattenfirma, die hinter dieser Castingshow steckte, kein Fan von uns war. Wir werden es wohl nie erfahren. Tatsache ist, dass diese Zeit wunderschön war. Keine Sekunde würde ich rückgängig machen wollen. Denn auch wenn wir gerne noch länger geblieben wären *(in der zweiten Show hätten wir Edge of Glory von Lady Gaga in einem brennenden Käfig performen sollen),* war diese Erfahrung eine wahnsinnige Lektion für mich. Gerade weil ich dadurch einen tieferen Einblick in die Welt der Stars und Sternchen bekommen hatte. Natürlich war es toll von vielen Menschen auf der Straße erkannt zu werden. Es war unglaublich, als am Morgen nach der Live-Show eine Horde Mädels vor meiner Haustüre stand, um Fotos und Autogramme von mir zu bekommen. So schnell wie wir aber bekannt wurden, verschwanden wir auch wieder in der Versenkung. Dieses Erlebnis verdeutlichte mir, dass man an einem Tag noch beliebt, am darauffolgenden aber schon wieder unbedeutend sein kann. Das ließ mich umdenken! Ohne Zweifel war es cool, mit Leona Lewis zu tratschen, mit Mel C über ihre Zeit bei den Spice Girls zu plaudern oder Kelly Rowland an mir vorbeihuschen zu sehen. Ich liebte es, von den Hairstylisten, Make-Up-Spezialistinnen und Einkleidern getätschelt zu werden. Allein die Outfits waren der absolute Knaller. Auch die Zeit in der Kandidatenvilla kann nicht in Worte gefasst werden. Zwei Wochen lang verbrachten wir beinahe jede Minute miteinander. Es wurde gesungen, gelacht, getanzt und philosophiert. Freundschaften wurden geschlossen, Nummern ausgetauscht und zum Abschied flossen Tränen. Mit einigen habe ich sogar heute noch Kontakt und ich denke gerne an die turbulente Zeit zurück. Was ich aber am meisten daraus gelernt habe, ist, dass ich diese Welt zwar gerne besucht habe, aber niemals darin leben möchte. Dazu aber später mehr!

Viele der Kandidaten können heute von der Musik leben und ich kann es immer noch nicht fassen, dass mein Duo-Partner vor wenigen Jahren für Österreich beim Eurovision Song Contest angetreten ist. Ich bin so stolz auf ihn! Dennoch bleibt an dieser Castingshow-Geschichte ein bitterer Beigeschmack haften. All die Idioten, die mich in der Schulzeit gemobbt hatten, waren auf einmal die liebsten Menschen. Jeder wollte ein Stück vom Kuchen abbekommen, denn als Daniel noch ein Kind war, wussten ja alle schon, dass er eines Tages berühmt sein würde. Natürlich, aus diesem Grund habt ihr mich in der Schule ja so wahnsinnig geliebt. Man sprach mich in Einkaufszentren an, man wollte Autogramme, man versprach mir bei einer Fashionshow auftreten zu können. Letztendlich sind von dieser Zeit schöne und nicht so schöne Erinnerungen geblieben. Schicksal? Definitiv.

Ich glaube, dass mir damals bewusst wurde, dass ich nicht für diese große Welt geschaffen bin. Schon als Kind hatte ich wahnsinniges Heimweh und auch mit beinahe zwanzig war dies immer noch ein Problem. Ich konnte mir nicht vorstellen, für längere Zeit von meinen Freunden und meiner Familie getrennt zu sein. Hinzu kam die Erkenntnis, dass vieles, was Produzenten, Studioleute oder sonstige wichtige Personen von sich gaben, in keinster Weise ehrlich gemeint war. Mit Sicherheit gab es manche bei denen ich das Gefühl hatte, sie würden uns wirklich mögen und ihnen würde tatsächlich etwas an uns liegen. Trotzdem fühlte ich mich in dieser Scheinwelt nie so richtig wohl, was sich bis heute nicht geändert hat.

Damals war ich einfach nur am Boden zerstört und unendlich traurig. Weshalb ich beschloss, mich bei anderen Castingshows zu bewerben. Ein ungeschriebenes Gesetz ist jedoch, dass Gesichter, die es in einem Gesangs-Format in die Live-Shows geschafft haben, kaum eine Chance haben, sich in einem anderen zu präsentieren. Ich bekam zu hören:

- *„Ja, schön gesungen. Zwei Sätze reichen erst einmal. Wie ich sehe, warst du erst letztes Jahr bei diesem anderen TV-Format. Ach, okay. Ja, ich glaube, das genügt uns leider nicht."*
- *„Sehr schöne Stimme. Aber in deinen Unterlagen steht, dass du erst kürzlich in Deutschland im TV warst. Puh, ja das wird schwierig werden. Wir suchen nämlich ganz neue Talente!"*

Ich bekam eine Abfuhr nach der anderen und war kurz davor, dem Fernsehen den Rücken zu kehren. Aufgeben war und ist ein Fremdwort für mich, weshalb ich 2013 ein letztes Mal nach Deutschland fuhr, um mich einer

"Expertenjury" zu stellen.

Die wohl größte Show im deutschen Fernsehen, welche übrigens ebenfalls von derselben Produktionsfirma geleitet wird, bei der ich zwei Jahre zuvor in den Live-Shows war, war die Einzige, die ich bisher ausgelassen hatte. Der letzte Ausweg quasi. Beim Vorsingen saß ein mir bekannter Mitarbeiter gegenüber und meinte, dass es cool sei, dass ich es noch einmal versuchen würde, er aber nicht glaube, dass ich eine reelle Chance hätte. Nicht weil er mein Talent für nicht ausreichend erachte, sondern weil zu wenig Zeit vergangen sei. Er versicherte mir aber, dass, falls ich in der nächsten Runde weiterkommen sollte, meine Vergangenheit gelöscht und ich wie jeder andere Kandidat behandelt werden würde. Das klang verlockend. Seine Prophezeiung bewahrheitete sich und die zweite Jury war begeistert: *„Das ist super! Damit können wir arbeiten. Natürlich wird deine Erfahrung erwähnt, aber du bist zwei Jahre älter, als Solokünstler hier und deine Stimme hat sich definitiv auch weiterentwickelt. Das wird toll!“* Bullshit. Das Casting vor der "richtigen Starjury" überstand ich nur, weil ich auf das richtige Pferd gesetzt hatte. Das Gesicht der Show und gleichzeitig wieder der Musikmogul war auch beim zweiten Anlauf nicht wirklich ein Fan von mir.

Die nächste Hürde sollte ein Wochenende in Düsseldorf sein. Welches im Vornherein schon verhext schien, da ich mein Handy im Auto vergessen hatte. Meine Laune konnte kaum gebessert werden. Außerdem steckte man mich mit Kandidaten in eine Gruppe, die meiner Meinung nach zwar talentiert waren, die Songauswahl fiel aber mehr als fragwürdig aus. Das Ergebnis unserer Performance? Alle flogen raus. Das Schlimmste daran? Der Beweis, dass ich an dieser Show teilgenommen hatte, war ein im Fernsehen ausgestrahltes "Dankeschön" meinerseits nach unserem Rauswurf. Danke für Nichts!

Falls ich jetzt als undankbarer Rotzlöffel rüberkomme, dann war das … voll und ganz meine Absicht. Obwohl mir anfänglich beteuert wurde, dass mir mein Erfolg in der anderen Show nicht im Weg stehen würde, erfuhr ich von einer äußerst liebreizenden und ehrlichen Mitarbeiterin, dass ich von Anfang an keine Chance hatte. Die süße Maus war zwar schon etwas betrunken – und ich musste ihr Versprechen, niemandem meine Quelle zu verraten – aber sie flüsterte mir, dass es vor diesem Wochenende bereits eine Besprechung gab, in der entschieden wurde, wer weiterkommt und wer nicht. So viel dazu! Mir ging es ganz ehrlich nicht darum, dass ich es nicht so weit geschafft hatte. Lediglich die Tatsache, dass ich vom ersten Moment an ziemlich verarscht wurde, ließ mich stinksauer zurück. Es wäre für mich kein Problem gewesen, wenn dieser nette Mitarbeiter bei meinem Vorsingen gesagt hätte: *„Du Schatzi, es ist noch zu früh. Versuch es in paar Jahren nochmal, wenn mehr Gras drüber gewachsen ist!“* Ja, man kann argumentieren, dass er nicht dafür verantwortlich gemacht werden kann. Seltsam ist aber, dass vier weitere Sänger, die ebenfalls bei anderen Formaten mitgemacht hatten *(auch diejenigen, die es nicht bis in die Live-Shows geschafft hatten),* ein Rückflugticket bezahlt bekamen. Was für ein komischer Zufall!

Nach diesem Erlebnis traf ich eine Entscheidung – Schluss mit Castingshows – Schluss mit Fernsehen. Diese trügerische Welt kann mir gestohlen bleiben. Ich will mich mit authentischen und ehrlichen Menschen umgeben. Seither ist es mir auch beinahe unmöglich, irgendeine Casting- oder Realityshow ohne das misstrauische Auge zu sehen. Welches ich vor meiner Teilnahme natürlich nicht besaß. Generell bin ich der Meinung, dass das Fernsehen die Zuschauer vor den Geräten von vorne bis hinten veräppelt oder für dumm verkauft. Glaubt eigentlich irgendjemand, dass ein Anruf tatsächlich eine Auswirkung auf den Gewinn des Topmodels des Jahres hat? Ich bitte dich! Die haben mit Sicherheit vorher auch eine Besprechung.

Versteh mich nicht falsch. Jeder, der sein Können von einer "Expertenjury" bewerten lassen möchte, der soll diese Erfahrung machen. Kleiner Tipp von mir: Erwartet euch nicht zu viel und tut es nur für euch. Meiner Meinung nach gibt es zwei Gründe, die dafür sprechen, sich einem solchen Format zu nähern. 1.) Man nutzt die Reichweite, um mehr Aufmerksamkeit zu bekommen. Muss dabei aber in Kauf nehmen, dass man jegliche Rechte abgibt. Heißt, die können mit deinen Aussagen und den Aufnahmen machen was sie wollen. 2.) Weil man hören will, was die Experten von der eigenen Stimme halten. Hierbei gilt auch Vorsicht – denn es ist nur eine Meinung und selbst da kann man sich nicht sicher sein, ob diese ehrlich gemeint ist. Leider stecken in vielen Fällen die Produktionsfirma oder gar die Plattenchefs dahinter. Sie haben das Sagen und wenn die sich die unveröffentlichten Vorcastings ansehen und der Meinung sind, dass es eine vergeudete Zeit wäre, einen vor die Starjury zu lassen, hat man keinen Einfluss darauf. Darf man bei dieser Superstarsuche alle in einen Topf werfen? Nein, schließlich gilt es auch hier, die Spreu vom Weizen zu trennen. Einige sind nur darauf ausgerichtet, das Publikum vor den Bildschirmen zu unterhalten und das gelingt in der Regel, indem man die Kandidaten bloßstellt. Fragwürdig? Allemal. In den wenigsten Fällen zählt die Stimme oder das Talent. Hier kann man gerne einen Versuch wagen. Trotzdem sollte man immer im Hinterkopf behalten, was man vor der Kamera sagt und aufmerksam sein, um sich nicht vom Scheinwerferlicht zu sehr blenden zu lassen. Wie ich vorhin schon erwähnt habe, herrscht in dieser Szene die Heuchelei. Wenn diese bösen Haie erkennen, dass sie mit einer Person viel Geld machen können, wird diese wie ein nasses Handtuch ausgedrückt, bis kein Tropfen mehr übrig ist. Was man anhand vieler Dokus und Interviews gewisser Berühmtheiten nachsehen kann. Auch hier gilt, keine Vorurteile und kein Pauschalisieren. Überall sind gute Seelen versteckt. Nur ist es manchmal schwer, ein falsches von einem echten Lächeln zu unterscheiden.

Jährlich bekomme ich Nachrichten von diversen Agenten, die für Castingshows nach Talenten suchen. Meist stolpern sie über einen Coversong auf meinem YouTube Kanal und kontaktieren mich. Die Tatsache, dass ich immer und immer wieder angeschrieben werde, ist mir Bestätigung genug. Auch wenn ich Anfang des Jahres … nur ganz kurz in Erwägung gezogen habe, es nach beinahe acht Jahren ein letztes Mal zu versuchen. Eine österreichische Show startete ihr Comeback. Sofort erhielt ich eine Anfrage einer Bekannten, die meinte, dass ihr Freund für dieses Format arbeiten würde und sie an mich gedacht hätte. Ich telefonierte dann auch ein paar Mal mit der Managerin und fühlte just, dass dies nicht mehr mein Ding ist. Warum? Weil ich mich nicht mehr bewerten lassen möchte. Ich selbst weiß, was ich kann und wer ich bin. Da brauche ich keine dreiköpfige Truppe, die mir sagt, dass ich meine Songs schlecht ausgewählt habe, den einen Ton nicht ganz getroffen habe oder mein Timbre nicht geil genug ist. Was jetzt nicht bedeutet, dass ich eingebildet bin und davon überzeugt bin, der talentierteste Sänger der Welt zu sein. Im Gegenteil, ich bin extrem selbstkritisch und kenne meine Stärken und Schwächen. Für einen kurzen Augenblick wollte ich mir aber selbst beweisen, dass ich das Zeug dazu habe, es alleine bis ganz nach oben zu schaffen. Dann dachte ich sehr lange nach und realisierte, dass ich da gar nicht mehr hin will.

Von klein auf wollte ich die männliche P!nk werden. Ich

wollte Stadien füllen, Menschen meine Lieder nahebringen, Autogramme verteilen, im Blitzlichtgewitter stehen, Titelblätter zieren und von allen gefeiert werden. Durch den Einblick in diese Welt wurden mir die Augen geöffnet und ich beschloss für mich, dass ich da nicht hingehöre. Zumindest nicht so, wie es in der Musikszene Usus ist. Als frischgebackener Künstler musst du nach den Pfeifen anderer tanzen und damit hatte ich schon immer ein Problem. Nicht weil ich ein schwererziehbares oder rebellisches Kind war. Sondern weil ich mit Autoritätspersonen nicht so gut klarkam. Das lag schlicht und ergreifend daran, dass ich nie nachvollziehen konnte, warum ich nie richtig respektiert wurde. Anders gesagt, warum sich manche für etwas Besseres hielten. *„Wer sind Sie, dass Sie mir vorschreiben, wer oder wie ich zu sein habe?"* Und das, leider wissen es alle, ist in dieser Branche gang und gäbe. Zuerst musst du Männchen machen. Wenn man es schlussendlich geschafft, sich einen Namen gemacht und sich Respekt verdient hat, kann man vielleicht selbst der Boss sein. Wobei es dann – und wir haben es in einigen Autobiografien gelesen oder gesehen – viele Neider gibt, die einem erst recht die Suppe versalzen, indem sie pikante Details veröffentlichen, weil ihr Ego verletzt wurde. Nein, mir ist das alles viel zu unecht. Da umgebe ich mich lieber mit Menschen, die ihr Herz am rechten Fleck haben, mich mit Respekt und Verständnis behandeln und auf gleicher Höhe mit mir arbeiten wollen. Und das ist mir vor fünf Jahren erst klar geworden.

Damals war ich in London, um dort bei einer Plattenfirma vorzusingen. Die waren sofort begeistert und wollten mir einen Deal anbieten. Leider hätte ich spontan ein halbes Jahr nach England ziehen, die Studiokosten und die Unterkunft selbst übernehmen müssen. Nope, aus der Traum. Im Flugzeug nach Hause spielten meine Gedanken verrückt und ich sah zum ersten Mal das, was ich schon längst hatte. Ich habe meinen eigenen Musicalverein, wo es Menschen gibt, die es lieben, wie ich arbeite, die mich wertschätzen und verstehen. Mit denen ich gemeinsam wachsen und mich selbst verwirklichen kann. Da gibt es keine Typen, die mir sagen, dass mein Outfit nicht funktioniert, ich in jenem Interview, das oder das sagen muss. Keiner schreibt mir vor, welchen Werbespot ich drehen muss, damit sich das neue Album besser verkauft. Nein, wir sind ein Team und gemeinsam erstellen wir Konzepte. Klar, schreibe ich meist die Drehbücher, führe Regie oder spiele selbst mit. Der kleine feine Unterschied ist jedoch, dass alles ohne Zwang und Muss geschieht. Wir alle ziehen an einem Strang und tun es aus Spaß und Liebe. Viele Menschen sind schon zu mir gekommen und haben mir gesagt, dass sie es irrsinnig schön finden, dass ich all meine Projekte mit so viel Herzblut angehe. Das ist richtig! Ich schreibe Bücher, Musicals und Theaterstücke weil ich es liebe. Ich führe Regie, bewege die Kamera, schneide das Bildmaterial und konzipiere Serien, weil es mir Spaß macht. Ich stehe auf der Bühne, singe, tanze, schauspielere und gebe alles, weil es mich erfüllt. Das ist das größte Privileg: Tun zu können, was man liebt.

Zum Ende dieses Kapitels möchte ich dir noch etwas ganz Wichtiges mit auf den Weg geben: bleibe dir selbst treu und vergiss nicht wo du herkommst. Außerdem gibt es eine Menge Heuchler, die dir die Welt versprechen. Konzentriere dich auf das, was du erreichen willst. Das Leben ist viel zu kurz, um seinen Träumen nicht hinterher zu jagen. Träume und Vorstellungen können sich ändern – wie man ja ganz gut an meiner Weltkarriere gesehen hat. Man sollte jedoch nie aus den Augen verlieren, was einen erfüllt. Vielleicht ist es der Job, der dir dieses unbeschreibliche Gefühl beschert. Womöglich ist es dein Ziel, endlich den Mount Everest zu besteigen. Es ist auch möglich, dass du in der Malerei, im Nahkampf, im Fußball, im Schreiben, Backen, Klettern, Tanzen, Fotografieren, Filmen, Rudern oder Designen deine Erfüllung gefunden hast. Tu es! Auch wenn deine Eltern oder Freunde die Augenbrauen nach oben ziehen und dich für verrückt erklären wollen. Es ist nie zu spät, sich seiner Berufung zu widmen und es ist mit Abstand, das beste Gefühl überhaupt.

Kann jeder nachvollziehen, warum ich keinen "richtigen Job" habe? Was zum Teufel ist das überhaupt, ein richtiger Job? Einen Chef zu haben? Mit Kollegen arbeiten zu müssen? Gut, dann habe ich keinen Job. Ich bin mein eigener Chef, habe aber Kollegen, Grafiker, Korrekturleser, Testleser, Regieassistenten, Kameramänner, Tontechniker, Drehbuchautoren, Organisatoren und vieles mehr. Ich arbeite mit anderen Künstlern zusammen, habe auch hier manchmal Vorgesetzte, die mich jedoch allesamt mit Respekt und Menschlichkeit behandeln. Da sind Menschen, mit denen ich über Monate hinweg an Musicals arbeite, die es den Zuschauern ermöglichen eine unvergessliche Zeit zu haben. Die gerne ins Theater kommen, gemeinsam mit uns lachen, weinen und feiern. Da gibt es unsere Varieté-Familie, die mich damals mit offenen Armen aufgenommen hat. Mit denen ich die unterschiedlichsten Städte bereise, die Gäste zum Staunen bringe, musiziere, an neuen Ideen arbeite und herzhaft lachen kann. Ohne jetzt kitschig zu klingen: Ich habe den besten Job auf der ganzen Welt!

VOR GAR NICHT ALLZU LANGER ZEIT

Rückblick eines 90s Kids

Ich weiß schon, was du dir bei dieser Kapitelüberschrift gedacht hast. Nein, es geht hier nicht um diese Biene. Selbst wenn Maja an manchen Tagen über den Bildschirm summte. Die folgenden Seiten sollen eine Liebeserklärung an die wohl schönste Zeit im Leben sein. Längst vergangene Tage, an denen die Welt noch in Ordnung war. Wo es nicht darum ging, wie viel Geld, sondern wie viel Spaß wir hatten. Auch wenn oft behauptet wird, dass das innere Kind niemals für immer verschwindet, mag es an manchen Tagen wohl erkältet im Bett liegen.

Komm mit mir, lieber Leser, liebe Leserin! Lass uns kurz gemeinsam in die Vergangenheit reisen. Vielleicht erkennst du dich ja in der einen oder anderen Erzählung wieder oder bekommst einen dieser "Ach ja, das hab ich ja völlig vergessen"-Momente. Falls nicht, möchte ich dich trotzdem mit in eine Zeit ohne Smartphones, Social Media und Existenzängste nehmen. Ich verzichte hier auf eine chronologische Reihenfolge, da ich lieber ein paar kleinere

Überschriften bearbeiten möchte. Oh, und ich wage zu behaupten, dass es bei dieser Art von Erzählung nicht darum geht, zu einem Fazit zu kommen. Letztendlich steht dieses ja schon fest … ich hatte eine wunderschöne Kindheit!

Die Kindergartenzeit

Schon ziemlich lange her, aber an einige Erlebnisse kann ich mich erinnern, als wäre es gestern gewesen. Zumal ich wirklich gerne in den Kindergarten ging … also beim zweiten Anlauf. Beim ersten Mal war mir dieser vormittägliche Ausflug nicht ganz geheuer. So viele Kinder? Wer sind die denn? Warum soll ich hierbleiben? Wie Mama, du fährst nach Hause? Denkste! Keine drei Minuten vergingen und ich bekam Panik. Ich heulte los und war mir sicher, dass ich dieses Problem gelöst hatte, da mich Mutter erst ein Jahr später tatsächlich im Kindergarten abgegeben hat. Das Weinen half beim zweiten Anlauf nichts mehr. Die Zeit war gekommen, auch meiner Mama ein paar Stunden alleine zu gönnen. Außerdem liebte ich meine damalige Kindergartentante. Ja, früher war das noch die Tante, auch wenn sie nicht die Schwester meines Vaters oder meiner Mutter war.

Die wertvollste Entdeckung in meinem neuen Spielparadies war die Puppenecke. Mit meiner besten Freundin verkroch ich mich stundenlang, um Mutter-Vater-Kind zu spielen. Ich weiß, dass wir uns Ewigkeiten damit beschäftigen konnten, das Essen zu kochen, den Abwasch zu erledigen und die Wohnung auf Vordermann zu bringen. Die Taxifahrten waren gleichermaßen ein Highlight. Ein Kind chauffierte die anderen zu den Minihäusern und wieder zum Spielplatz zurück. Freitags musste ich zur Logopädin, was ich als nicht ganz so spannend empfand. Viel lieber wäre ich wieder nach draußen gegangen, um irgendeinem lustigen Spiel im Turnsaal beizuwohnen. *Der Plumpsack geht um, Mein rechter, rechter Platz ist frei, Ochs am Berg* und vieles, vieles mehr.

Da es zu jener Zeit interessant war, meine weiblichen Freundinnen zu untersuchen, versteckten wir uns manchmal in den Kindertoiletten. Einmal erwischte mich die liebe Tante, als ich nackig auf meiner besten Freundin lag …. tja, Kinder eben. Die Phase des Doktorspielens macht ja wohl jedes Kind durch.

Kinderfernsehen

Was hatten wir für ein Glück? Von Erzählungen meiner

Eltern weiß ich, dass sie definitiv keine große Auswahl an Fernsehprogrammen hatten. *Pippi Langstrumpf, Heidi, Am-Dam-Des, Calimero* und *Biene Maja.* In den 90ern und Anfang der 2000er schienen Kinderserien zu explodieren. Was damals liebevoll gezeichnet wurde, ist heute animiert. Und bitte reden wir gar nicht erst von der seltsam aussehenden CGI-Biene, Peppa Pig und dem neuen Bob der Baumeister. Nicht alles was neu ist, muss automatisch besser sein und das betrifft das Programm der Kiddies ganz eindeutig.

Zeichentrick – eine der schönsten Erfindungen überhaupt. Ich glaube, meine Liebe zum Schauspiel und der Bühne haben ihren Anfang in den Kinderfilmen genommen. Disney hat mich sowieso von der ersten Sekunde an fasziniert. Meine Mutter war ebenfalls eine Liebhaberin der klassischen Meisterwerke. Schließlich hatten wir ein komplettes Regal mit VHS-Kassetten, die alle liebevoll sortiert und aufbewahrt wurden. Wehe, man hatte nach dem Ansehen vergessen die Kassette zurückzuspulen. Obacht! Viele Kids der Neuzeit wissen gar nicht mehr, was dieses Wort überhaupt bedeutet.

Cinderella, Arielle – Die kleine Meerjungfrau, Die Hexe und der

Zauberer, Aladdin oder *Die Schöne und das Biest.* All diese Filme kann ich mittlerweile auswendig. Ich wage zu behaupten, dass ich Aschenputtel bestimmt an die einhundert Mal gesehen habe. Auch mein erstes Kinoerlebnis war ein Walt Disney Meisterwerk. Mein Bruder und ich waren fasziniert von der Geschichte des ehrenwerten Herkules. Auch Tarzan und Mulan durften wir uns mit Popcorn und Cola auf der großen Leinwand reinziehen. Übrigens, mein zweiter Kinobesuch war auch schon der erste Streifen mit realen Menschen. Sofern man das von den Girlband-Mitgliedern behaupten kann. Die Rede ist von *Spice World* mit den Spice Girls. Einer der schlechtesten Filme, die jemals produziert wurden. Aber ich war eben ein Fan der ersten Stunde und mein Onkel erfüllte mir eines sonntagnachmittags den sehnlichen Wunsch die Girl Power riesengroß zu erleben.

Nicht nur im Kino oder auf VHS gab es eine immense Auswahl an Geschichten für Kinder. Auch das Fernsehen hatte einiges zu bieten. Es gehörte praktisch zum täglichen Ritual abends mit *Typisch Andy, Angela Anaconda,* den *Wochenendkids, Doug* oder den *Gargoyles* abzuhängen. Wer wäre nicht gerne mit der *Gummibärenbande* durch die Wälder gehüpft, hätte *Darkwing Duck* bei seinen nächtlichen Abenteuern begleitet, mit *Marsupilami* auf Lianen geschwungen, *Blinky Bill* zur Schule begleitet, *die Dinos* besucht, mit *Käpt'n Balu und seiner tollkühnen Crew* mitgeflogen, *Arnold* Footballschädel genannt, *mit den Tieren den Wald verlassen* und eine Gastrolle in *DuckTales* bekommen? An Wochenenden freuten wir uns auf den *Forscherexpress* mit Thomas Brezina und Kati Bellowitsch. Oh, und wer hat sich nicht einmal das Festnetztelefon gekrallt, um bei Tom Turbo ein Knabbernossi-Fanpaket zu gewinnen? Stichwort ORF. Alle 90s Kids sind mit *Rolf Rüdiger, Confetti, Elmer, Helmi* und dem Clown *Enrico* aufgewachsen. Und jeder wollte doch bei *1, 2 oder 3* mitmachen, richtig?

Apropos mitmachen. Mein größter Traum war es, in der magischen Kugel der Mini-Playback-Show zu verschwinden. Ach, was habe ich Marijke Amado vergöttert. Okay, ich muss es tun: *"Kinder bringen volle Action in der Mini Playback Show. Kleine kommen ganz groß raus in der Mini Playback Show. Alle waren Sieger, auch wenn einer nur gewinnen kann? Hallo, aber hallo, hier kommt jeder, der was kann, auch ran!"* Ich heul gleich! Mein Bruder hatte da einen ganz anderen Traum. Er und seine Kumpels hatten sich um die fünf Mal für den *Super Toy Club* beworben. Hilfe, was bekamen wir große Augen, wenn die Kinder durch den Toys'R'us laufen und alles mitnehmen durften?

Auch wenn das Folgende nicht unbedingt zum Kinderprogramm zählt, bin ich mir sicher, dass der eine Leser oder die andere Leserin vieles auch über den Bildschirm flimmern sah. Meine schlimmste Obsession war zum Beispiel: *Die Abschlussklasse 2003*. Welch ein riesengroßes Drama jeden Tag nach der Schule. Von dem Wiedersehen bei *Arabella* mal ganz abgesehen. Auch wenn viele Programme nicht unbedingt für Kinderaugen bestimmt waren, liebten wir das Erwachsenenzeug gleichwertig: *Roomraders, Next, Flavor of Love, Date my Mom, My Supersweet 16, Pimp my Ride, Dismissed, Exposed* oder *Cribs*. Die gute alte Zeit! Erinnerst du dich an manches? Vielleicht bist du ja ein Elternteil der 90s Kids und wurdest mit diesen Filmen, Serien oder TV-Shows zwangsbeglückt? Gib es zu, du hast es auch genossen und wurdest dadurch von Zeit zu Zeit liebevoll an deine eigene Kindheit erinnert.

Zeitvertreib

Ja und womit haben wir uns die Zeit vertrieben, wenn wir nicht vor der Glotze hingen? Heutzutage kann man sich ja eine Welt ohne Smartphones, TikTok und Instagram garnicht mehr vorstellen, aber ich kann mich an unvergessliche Tage an der frischen Luft erinnern. Fernsehen durften wir ohnehin nur am Abend oder bei Schlechtwetter. Sobald der Wetterbericht stabil ausfiel, hieß es raus in den Hof oder ab in den Wald. Wir verwandelten uns in Sailor Kriegerinnen, versteckten uns hinter Müllcontainern bei 1,2,3 Abgeschlagen, kutschierten uns gegenseitig mit dem Fahrrad-Taxi, unterrichteten unsere Freunde in der Garagenschule, veranstalteten Flohmärkte, gewannen bei Volleyball-, Basketball-, Tischtennis und Fußballturnieren, zelteten im Siedlungshof, genossen unsere Picknicks, bastelten Pokébälle, tauschten Diddl-Zettel, besiegten die anderen in Yu-Gi-Oh! Duellen und spazierten im Sommer in unser geliebtes Freibad. An besonderen Tagen studierten meine Mädels und ich Songs ein, die wir dann höchst professionell im Garten bei einem kleinen Konzert präsentierten. Kassenschlager wie *We've got tonight, Irgendwie, irgendwo, irgendwann* oder *I'm just more* wurden mit dicken Taschenlampen als Mikrofon nervös zum Besten gegeben. Manchmal zündeten unsere Zuschauerinnen und Zuschauer sogar Spritzkerzen an. Als ich irgendwann meine erste Digitalkamera bekam, drehten wir unsere eigenen kurzen *Charmed*-Episoden, Horrorfilme, die *Abschlussklasse* oder *Drei Engel für Charlie* Kurzfilme. Ja, auch Fotoshootings fanden statt, die besser in den Tiefen meiner Festplatte verborgen bleiben.

Natürlich darf man aber auch nicht vergessen, dass zu unserer Zeit die Spielkonsolen boomten. Mein Vater hatte sich damals die Nintendo 64 gekauft, weil er für mehrere Wochen im Krankenstand gewesen war. Für uns Kinder eröffnete sich dadurch eine neue Welt. *Super Mario 64, Diddy Kong Racing* und *Banjo Kazooie* wurde stundenlang gezockt. Zu meinem sechsten Geburtstag bekam ich dann auch meinen ersten Gameboy. Der Bildschirm war noch ohne Farbe, dafür war das Gerät aber grün. Mein erstes Spiel war *Mickeys Dangerous Chase*, danach folgte gleich die gelbe Edition von Pokémon. Das war auch so ziemlich das einzige Game, das für mich interessant war.

Mein Bruder war und ist ein richtiger Zocker, weshalb er auch früher schon viel mehr Stunden vor der Kiste verbrachte als ich. *Zelda – Ocarina of Time, Star Fox 64, Pokémon Stadium, Super Smash Bros.* oder *Rayman* gehörten zu seinen Lieblingen. Mir war meine Freizeit immer ein wenig zu kostbar, um sie sitzend vor einer Spielekonsole zu verbringen. Mit der Playstation 2 war nur *Buffy – Chaos Bleeds* interessant, *SingStar!* und *Buzz*, das Film- oder Musikquiz. Beim PC sah das ganze schon anders aus. Süchtig wie mein Bruder war ich nie, aber ich muss zugeben, dass ich sehr viele Stunden investierte, Menschen zu gestalten, Häuser zu bauen, Babys zu machen und Feuer zu löschen. Die Rede ist von … na klar, *die Sims*. Anfangs mussten wir uns die Spiele noch in der städtischen Bibliothek ausleihen, bis wir 2002 *Die Sims, Tierisch gut drauf* und *Hocus Pocus* bekamen. Als dann Sims 2 erschien, war es sowieso vorbei. Ich glaube, dass ich tatsächlich alle Erweiterungen und Add Ons besessen habe.

Übernachtungen bei den Omis

Da ich immer schon ein "Oma-Bua" war, gab es für mich nichts Schöneres, als am Wochenende bei einer meiner Omis schlafen zu dürfen. Erstens waren und sind beide exzellente Köchinnen, zweitens gingen sie ebenso gerne einkaufen wie ich und waren zudem sehr spendabel. Ja, als Kind ist es herrlich, wenn man sich immer etwas aussuchen darf. Bei Lebensmitteln gab es keine Grenzen und wenn dann mal eine GZSZ-Zeitschrift oder ein grüner Bärchensaft im Einkaufswagen landete, meckerte niemand.

Unsere Lieblingsgeschäfte waren damals ADEG und Contra – oder der Wochenmarkt. Später als meine Oma nach Salzburg zog, gab es kaum einen Besuch ohne den genialen Laden Adelsberger in St. Johann im Pongau. Ich war im Klamottenhimmel. Was für ein Glück, dass meine Großmutter väterlicherseits einen großen Wert auf besonders gute Qualität bei Kleidung legte. Nur das Beste vom Besten für den kleinen Herrn Leitner. Auch an die Sommerurlaube in Salzburg erinnere ich mich gerne. Vom Bahnhof in Bischofshofen abgeholt, gleich mal zu Lutz zum Mittagessen und nachmittags an den See. Eine ganze Woche in den Ferien, fernab jeglicher Hausaufgaben, lästigen Aufräumarbeiten im Kinderzimmer oder Streitereien mit meinem Bruder. Herrlich!

Oh, ein ganz schräger Zwischenfall muss hier noch erwähnt werden. Es war, glaube ich, das zweite oder dritte Mal, dass ich ganz alleine mit dem Zug zu meiner Oma fuhr. Bei der Heimreise musste ich umsteigen, da unser Zug eine Panne hatte. Ich kam also am Bahnhof in Salzburg an und versuchte meine Mutter anzurufen, um sie zu informieren, dass ich mich verspäten würde. Aus irgendeinem Grund war mein Handy-Akku leer und ich ging zu einer Telefonzelle. Zu meinem Glück hob mein

Bruder ab und verstand nur die Hälfte. Er teilte meiner Mutter mit, dass ich nicht wüsste, wann ich nach Hause kommen würde und ich mich erst einmal zurechtfinden müsse, da unser Zug einen Unfall hatte. Mutter, natürlich panisch vor Angst, rief meine Großmutter in Salzburg an. Diese verständigte die Polizei, welche sofort den ganzen Bahnhof auf den Kopf stellte. Natürlich saß ich schon längst ruhig und entspannt in einem anderen Zug nach Wels und bekam rein gar nichts von der Suchaktion mit. Relaxed stieg ich aus und sah nur meine Mutter, die mich kreidebleich am Bahnsteig 1 in die Arme schloss. *„Bist denn du wahnsinnig? De Polizei hat di gsuacht?"* Ich meinte nur, dass mein Bruder wohl einiges falsch verstanden habe, denn ich bin zu einem Infostand gegangen, habe dort nach einer anderen Verbindung gefragt und bin problemlos weitergereist. Meine Oma erzählt heute noch, dass sie damals beinahe einen Nervenzusammenbruch hatte, da niemand wusste, wo ich abgeblieben war. Schöne Geschichte, oder?

Einen nicht ganz so krassen Zwischenfall gab es meiner anderen Oma wegen. Ich muss etwa fünf oder sechs Jahre gewesen sein. An jenem Abend wollte ich unbedingt bei ihr schlafen, obwohl ich das die Tage zuvor schon getan hatte. Jedenfalls schlich ich mich ins Schlafzimmer meiner Eltern, öffnete das Fenster, kletterte auf die Terrasse und lief nur im Pyjama gekleidet, etwa zwei Kilometer zu meiner Großmutter. Auf halber Strecke gabelte mich eine Familie auf und fragte, wo ich denn um diese Uhrzeit hinwollte. Ohne zu zögern, schnappten sie mich und begleiteten mich wieder nach Hause. Nichtsahnend öffneten meine Eltern die Türe und bekamen einen Schock fürs Leben. Da stand ein wildfremder Mann mit ihrem Sohnemann in den Armen da und meinte: *„Ghert der zu Ihna?“* Und das alles nur, weil ich meine Omi so sehr vermisste.

Das Abendprogramm bei meinen Großmüttern wies auch nur kleine Unterschiede auf. *Peter Steiners Theaterstadl, Nikola* und *Ritas Welt* waren Standardprogramm. Oh, und mein Bruder blieb nie über Nacht, denn für ihn schien es zu Hause besser zu sein. Plus für mich, denn somit hatte ich meine Omis ganz für mich alleine.

Geburtstage

Wer war nicht völlig aus dem Häuschen, wenn man eine Einladung zu einer Geburtstagsfeier bei McDonalds bekam? Damals war es auch noch gang und gäbe, dass man als Gast ein Abschiedsgeschenk bekommen hat. Noch besser war es jedoch, wenn man selbst das Geburtstagskind war. Meine Partys waren jedes Jahr der Renner. An meinem sechsten Geburtstag legte ich den Grundstein für meine unvergesslichen Feten. Es lief Schlümpfe-Musik, meine Oma schminkte uns als Marienkäfer, Löwen und Schmetterlinge, es wurde Topf geschlagen, mit Säcken gehüpft, die wasserspeiende Blume eingeweiht, Blinde Kuh gespielt und Benjamin Blümchens Törööö-Torte gegessen – oder Omas Mehlspeisen. Der Ententanz durfte bei keiner Party fehlen und Macarena haben sowieso alle gekonnt.

Ganz besonders waren auch die Geburtstage in der Kinderdisco oder im Kino. Wie oben schon erwähnt, sollten meine Partys immer besonders sein. Weshalb ich meinen siebten Geburtstag im Kino feiern durfte. Verdammt, war ich cool. Zumal wir uns dann alle *Pokémon – Der Film* ansehen durften.

Weihnachten.

Weihnachten als Kind, wie schön das doch war. Auch heute mutiere ich zu einem Elf, sobald Halloween vorüber ist. Vergleichbar mit dem Gefühl, das man als Kind hat, ist es jedoch nicht. Nichts kann die Aufregung toppen, wenn man vor der Schule noch schnell ein Türchen des Schokoladen-Adventskalenders öffnen durfte. Mein Herz raste beim Duft von Lebkuchen oder sobald unser Onkel kurz vorm ersten Adventsonntag die selbst ausgedruckten Wunschlisten fürs Christkind brachte. Anfangs hatten wir die natürlich auf das "Fensterbangl" gelegt. Später erfuhren wir, dass unsere Mutter die Zettel vor dem ersten heftigen Windstoß bereits hereingeholt hatte. Mal ganz davon abgesehen, dass uns viel zu früh die Wahrheit über das kleine liebe Engerl ins Gesicht geklatscht wurde.

Rückblickend hätten nicht alle Wünsche in Erfüllung gehen dürfen, da mein Bruder und ich alles andere als 365 Tage im Jahr brav gewesen waren. Irgendwie schien Weihnachtsamnestie zu herrschen und das jedes Jahr. An ein paar besondere Geschenke kann ich mich natürlich erinnern. Da wäre zum einen die *Buffy – Once more with feeling* CD, bei der ich beinahe in Ohnmacht gefallen wäre. Dann bekam ich noch meine allererste Digitalkamera, einen DVD-Recorder um all meine VHS-Kassetten überspielen zu können, unseren ersten eigenen Computer, meine Karaoke-Maschine, Charmed-Bücher und die Playmobil Polizeistation. Das Auspacken der Geschenke gehörte zu den Highlights der Feiertage, obwohl das Beisammensein natürlich am schönsten war.

Bevor sich meine Eltern im Jahr 2000 scheiden ließen, sah unser Weihnachtsfest wie folgt aus: Meist verbrachten wir den Nachmittag am Robinson Berg beim Schlittenfahren mit unserem Vater, während Mama in der Küche stand oder letzte Geschenke einpackte. Dann wurde das Glasfenster in der Wohnzimmertür mit einer Decke verhangen und wir Kinder versuchten durch das Schlüsselloch zu spähen. Mama und Papa halfen nämlich dem Christkind den Baum zu schmücken und die Geschenke zu verstauen. Ich wage auch zu behaupten, dass wir hin und wieder ein Klingeln hören konnten und ganz große Augen bekamen, wenn wir uns einbildeten, dass wir Lichter sehen konnten, sobald die Decke ein wenig verrutschte. Was für ein magischer Tag!

Als dann die neue Liebe meines Vaters ein fixer Bestandteil unseres Lebens wurde, fand die Bescherung bereits am 23. Dezember im Kreise unserer Zweitfamilie statt. Das hat sich bis heute nicht geändert. Und ja, auch wenn ich ein sehr unkonventionelles Leben führe, ist mir ein gewisses Maß an Tradition sehr wichtig. Weihnachten gehört da definitiv dazu. Die Feierlichkeit bei meinem Vater fiel teils sehr mager aus, da er als erste Anlaufstelle für Geldvorschüsse galt. In einem kargen Jahr fand ich eine Telefonrechnung im Wert von 120,- Euro schön verpackt unterm Weihnachtsbaum – hurra!

Traditionell verschenkte ich an meine Familienmitglieder immer ein bis zwei selbstproduzierte CDs – die wir uns nach dem Ritual des Auspackens anhörten. Dadurch, dass ich meinen Vater und seine Freundin als meine liebsten Kritiker erachte, war es für mich immer ein besonderes Vergnügen, gemeinsam mit ihnen die Songs durchzuhören. Dabei wurde heftig diskutiert, ob meine Stimme zu leise, zu laut oder zu schief klang. Vielleicht war es ein schlechtes Playback oder irgendetwas hatte beim Rendern nicht geklappt. Zu späterer Stunde wurden die Ohren meiner Zuhörer immer spitzer und jedes falsch gesetzte Atmen genauestens analysiert. Die Favoriten und die Nieten wurden gekürt und irgendwann waren sie einfach nur noch wahnsinnig happy, dass es wieder Neues von Daniel gab.

Nichts ist vergleichbar mit dem Lebkuchen-Nikolaus und Krampus, den meine Oma liebevoll selbst backt und verziert. Ebenso ist es ein Muss, gemeinsam Weihnachtsfilme zu schauen. Angefangen von *Familie Stone* über *Die Schöne und das Biest Weihnachtszauber* oder *Jack Frost.* Oh, und was auf keinen Fall fehlen darf, ist natürlich *Weihnachtsmann und Co.KG.* Sobald die Titelmelodie ertönt: „Weihnachtsmann, sag mir wieso bist du so schlau oder kennst du ganz genau, den Weihnachtswunsch von jedem Kind?" *(Ich weiß, dass du es jetzt hören kannst),* fühle ich mich just wie ein Zehnjähriger, mit dem Pyjama vor dem Fernseher sitzend. Auch die Weihnachtslieder sind ein Muss! Früher, wenn Mama die Ö3-Weihnachts CD eingelegt hat, war ich abrupt in Weihnachtstimmung. Mein All-Time-Favorite ist nicht wie du vielleicht denkst, *Last Christmas*, sondern *The Christmas Song* von Nat King Cole. Wobei auch *Have yourself a merry little Christmas* zu meinen Liebsten gehört. Auch Gerüche verbinde ich stark mit Weihnachten. Sobald ich eine Kerze auspuste, denke ich an die Spritzkerzen (Wunderkerzen) an Heiligabend. Der Duft von Tannen, Vanillezucker oder wenn es das erste Mal kalt draußen wird und man den Schnee förmlich riechen kann.

Am 24. Dezember pflegte Papa mit uns ins Kino zu gehen. Kurz vor Sonnenuntergang lieferte er uns dann zuhause ab und die Meuterei konnte beginnen. Zuerst wurde noch gebadet, ein Hemd und eine schicke Hose angezogen und dann kam das Christkind. Die Bescherung zu dritt war rasch beendet. Direkt im Anschluss mussten wir ja gleich zu unserer Oma.

Bei meiner Oma warteten meine Uroma, mein Onkel und in späteren Jahren der Freund meiner Oma auf uns. Es gab *(und gibt immer noch)* Bratwürstel mit Sauerkraut. Das ist bei vielen in Österreich Tradition und darf meiner Meinung nach auf keinen Fall geändert werden. *(Natürlich gibt's für mich seit zwei Jahren vegane Alternativen … die auch verdammt lecker sind)* Hastig alles aufgegessen, stürmten wir runter ins Wohnzimmer zu meiner Urlioma, die viele Jahre einen eigenen Baum hatte. Schnurstracks wieder nach oben, weiter die Geschenke von Omi und Onkel aufgerissen. Unter Zeitdruck war das manchmal richtig schnell vorbei. Leider war uns nämlich bewusst, dass in wenigen Minuten bereits die Verwandten kommen würden. Als meine Uroma noch gelebt hat, standen ihre Söhne inkl. Ehefrauen und Enkelkinder pünktlich um halb acht auf der Matte. Es wurde italienischer Salat serviert, Kekserl genascht und manchmal präsentierte ich mein Soloprogramm aus *Ladykracher*-Sketchen mit den billigsten

Perücken, die ich mir damals leisten konnte.

Am ersten Weihnachtsfeiertag erwachten mein Bruder und ich früh am Morgen, um gleich wieder mit unseren Geschenken zu spielen. Zu Mittag fand das Essen bei uns zuhause statt. Meine Mutter servierte entweder Lasagne oder einen faschierten Braten. Am zweiten Weihnachtsfeiertag gab es wieder bei der Oma zu speisen. Das Gericht, welches viele Jahre liebevoll von meiner Großmutter zubereitet wurde, war ein Kalbsbraten mit Reis und Kartoffeln. Tut mir leid, Oma, aber ich hasste diese Feiertagsmahlzeit. An den Nachmittagen besuchten uns die restlichen Verwandten, während wir Kids im Wohnzimmer vom Christbaum naschten. Vielleicht kennst du ja noch diese kleinen goldenen Säckchen mit den unglaublich delikaten Gummibällchen in Zucker gehüllt? Nein? Aber Schirmchen bestimmt? Und von Rumkugeln muss ich gar nicht erst anfangen! Ildefonso?

Sobald die familiären Pflichttermine abgehakt waren, trafen wir uns erwartungsvoll mit unseren Freunden. Freudig tauschten wir uns über unsere Schätze aus, die wir stolz den anderen präsentierten. Lange dürften die Errungenschaften nicht interessant gewesen sein, denn kurz darauf gab es nämlich nichts Cooleres als im Skianzug (Anorak) *Charmed* zu spielen. Man landete im Schnee ja so viel leichter, wenn Prue uns mit ihrer Zauberkraft durch die Luft wirbelte.

Manchmal verbrachten wir kurz nach Weihnachten auch ein paar Tage bei meiner Oma in Salzburg. Diese Wochenenden ließen die festliche Stimmung noch einmal aufleben. Der Baum stand wunderschön geschmückt im Wintergarten, der Schnee stand meterhoch und ein paar Geschenke sollten uns den Aufenthalt zusätzlich versüßen. Wir rodelten und ließen uns von Oma bekochen. Es war ja so spannend riesige Eiszapfen zu sammeln, Dämme zu bauen oder mit dem Hintern im Wasser zu landen. Okay, wer ist jetzt auch in Weihnachtsstimmung?

Musik

Relativ früh entdeckte ich meine Begeisterung für die Musik. Langsam tastete ich mich von den Schlümpfen, über die "Erwachsenenmusik" meiner Eltern, rüber zu den weltberühmten Superstars. Meine Obsession war spätestens ganz klar erkennbar, als ich mir die Haare wie Nick Carter von den Backstreet Boys schneiden ließ. Ich frage mich gerade, wohin das Polster mit seinem Gesicht darauf verschwunden ist. Zuerst waren es Künstler wie die Spice Girls, Aaron Carter, Celine Dion, Shania Twain und Aqua. Ich tanzte zu Britney Spears, heulte zu *Angel* von der Kelly Family, schwang meine Hüften zu Shakira, choreografierte *Daylight in your Eyes* von den No Angels neu und grölte zu Tic Tac Toe. Und wer bitte konnte nicht alle Songtexte vom Kiddy Contest auswendig? Jeder wünschte sich einen Bankomat wie so einen Taschengeldvermehrer in seinem Zimmer, wollte im nächsten Leben Kater werden, beherrschte den Dackelblick, war nicht hier, war nicht da, war total unsichtbar, hatte Sendeschluss auf Wolke Sieben oder bekam ständig einen Lachanfall?

Wochenenden bei unserem Vater

Nachdem sich unsere Eltern scheiden ließen, präsentierte uns unser Vater rasch seine neue Freundin. Diese war zwar nett, aber ihre Kinder Carrie und Damien waren meinem Bruder und mir ein Dorn im Auge. Es war damals einfach zu früh und wir Kids konnten nicht verstehen, warum sich fremde Kinder auf den Schoß von unserem Papa setzten. Glücklicherweise schien auch unser Dad keinen Bock darauf zu haben, Ersatzvater zu spielen. Die Misere endete ohne jegliches Drama. Kurze Zeit später sollte ich aber eine ganz besondere Frau kennenlernen. Papas zweite Freundin verdrehte mir den Kopf. Eine unglaublich liebreizende Italienerin, die zwar selbst eine Tochter hatte, welche aber in ihrem Heimatland lebte. Sehr gut, keine "Gschroppn", die unseren Papa für sich haben wollten. Lucia war mein Ein und Alles. Vielleicht war sie der Grund, warum ich auch heute noch starke und unabhängige Frauen bewundere. Oder es ist die Tatsache, dass sich die meisten Männer, die sich zum eigenen Geschlecht hingezogen fühlen, diesem Phänomen unterliegen. Cher, Julie Andrews, Madonna, Stevie Nicks, Liza Minnelli, Judy Garland und Lady Gaga – just to name a few.

Für mich war es aber Lucia, die mich vom ersten Moment an faszinierte. Ihre unbeschwerte Art und ihr Humor brachten mich dazu, mich regelrecht in sie zu verlieben. Ich denke gerne zurück an die Ausflüge mit ihrer Familie nach Freistadt, zum Welser Volksfest oder in ihr Ferienhaus am Attersee. Auch nachdem sich mein Vater von ihr getrennt hatte, besuchte ich sie ab und an und verbrachte berauschende Nachmittage mit ihr. Leider brach der Kontakt irgendwann ab, was mich immer noch traurig stimmt.

Die Zeit bei Papa war stets ein Abenteuer. Nachdem er 2003 seine neue Liebe fand und diese zwei Mädels in die Beziehung mitbrachte, waren wir von diesem Zeitpunkt an immer zu sechst. An diesen Wochenenden stand der Spaß an oberster Stelle. Das allererste Mal als wir im neuen Zuhause unseres Vaters übernachteten, bemerkten wir sofort, dass mein Bruder und ich auf der gleichen Wellenlänge wie unsere Stiefschwestern waren. Da unsere Eltern noch im Bett lagen, schnappten wir uns die Barbiepuppen der Mädchen, öffneten die Schlafzimmertür und bewarfen die schlafenden Erwachsenen so lange, bis sie mit Plastikbeinen und Kunststoffhaaren auf den Augen wach wurden. Die Zeit konnte nicht besser genutzt werden. Etwa ein Jahr lang waren wir nur von Samstag auf Sonntag bei unserem Papa. Als dann ersichtlich wurde, wie gut wir uns mit unseren Schwestern verstanden, wurde auf Freitag verlängert. Jackpot! Von da an konnte uns nichts mehr aufhalten. Wir machten die Gegend unsicher, indem wir den Spielplatz ständig unter Beschlag nahmen, Völkerball im Kinderzimmer spielten – weshalb uns der Nachbar unterhalb am liebsten ins Gefängnis gebrachte hätte, präsentierten regelmäßig Sketch-Comedy, die Rocky Horror Picture Show oder drehten wie immer irgendwelche Horrorfilme, die wir dann stolz mit Popcorn vorführten.

Da unsere Mutter nicht der größte Fan von Reisen war, wurden die Urlaube mit unserer Zweitfamilie umso aufregender. Das Reiseziel? Ungarn. Etliche Jahre erlebten wir unsere Sommerurlaube im Nachbarland und für uns Kids war es das Paradies. Unglaublich, wie viel Geld wir plötzlich hatten, wenn wir unsere 100 Euro in Forint wechselten. Klar kauften wir den größten Blödsinn oder verprassten unsere Moneten in der Spielhalle. Zu jener Zeit hatte ich Bandanas in allen möglichen Farben, war Eigentümer diverser Tamagotchis, ließ mir Henna-Tattoos aufmalen, kaufte unzählige Badetücher, Hosen und Shirts, schlürfte giftig aussehende Slushis und füllte mir den Magen mit den besten einheimischen Gerichten. Obwohl ich als Kind keine Badenixe und mir alles zuwider war, was irgendwie seltsam roch, kreuchte und fleuchte – störte es mich ganz und gar nicht, dass wir im Plattensee baden gingen. Leider stank der Sand bestialisch, aber das stundenlange Plantschen war schließlich wichtiger, als abends noch einmal duschen gehen zu müssen. Ja, okay, die Algen mochte ich nicht und einmal raste eine Schlange auf mich zu.

***

Natürlich könnte ich dir noch viele weitere Geschichten aus meiner wundervollen Kindheit erzählen, aber das würde den Rahmen dieses Buches sprengen. Abschließen möchte ich dieses Kapitel damit, dass ich meinen Eltern, meinen Großeltern, meiner gesamten Familie, meinen Freunden, Lehrern, Kindergartentanten und all jenen danken möchte. Danke, dass ich eine unbeschwerte, lustige, abwechslungsreiche und wunderschöne Zeit erleben durfte. Es fehlte uns an nichts. Wir wurden geliebt, konnten uns entfalten, erlebten die tollsten Abenteuer, durften auch mal Mist bauen, genossen eine unbeschreiblich wertvolle Erziehung und hatten die Möglichkeit einfach Kind sein zu können. Und das empfinde ich als das größte und wertvollste Geschenk überhaupt.

HEUTE SCHAFF ICHS

Wie ich meine Ziele erreiche

In diesem Kapitel möchte ich dir zeigen, wie ich am effektivsten arbeite, um ohne große Hürden, Schreibblockaden oder Ablenkungen angenehm an mein Ziel zu kommen. Ob diese Methode für dich funktioniert, musst du natürlich selbst ausprobieren und entscheiden. Ich möchte dir lediglich einen Einblick in meine teils sehr strukturierte Welt geben, um dir damit die nötige Inspiration zu liefern, damit du schneller und einfacher an dein Ziel kommst. Na, neugierig geworden? Los geht's.

1. Konkrete Ziele

Mein allererster Schritt ist es, ein konkretes Ziel zu definieren. Hierbei kann es sich um alles Mögliche handeln. Du willst abnehmen? Nimm dir ein leeres Blatt Papier und schreibe alles auf, was du zum Erreichen deines Ziels benötigst. Willst du durch eine bestimmte Diät abnehmen? Wenn ja, wie viele Kilos in welcher Zeitspanne? Möchtest du Sport treiben, um zusätzlich deinen Körper in Schwung zu bringen? Wenn ja, welchen Sport und wie oft? Priorität hat bei diesem Schritt, dass du versuchst nichts auszulassen. Notiere jede Kleinigkeit und führe dir bildhaft vor Augen, wie das fertige Ergebnis aussehen soll. Schmeiß den Zettel nicht weg, sondern suche dir ein besonderes Plätzchen in greifbarer Nähe. Sobald die bösen Zweifel, Durchhänger und richtig miesen Momente kommen, solltest du dir dein Ziel unbedingt nochmal vor Augen führen. Mit der Zeit vergisst man manchmal, warum man etwas Bestimmtes tut. Hiermit kannst du dir ratzfatz zurück ins Gedächtnis holen, warum du überhaupt angefangen hast, das zu tun, was du erreichen willst.

2. Vorlaufzeit

Bevor es an die Planung geht, sollten wir genügend Zeit haben, um unser Ziel zu verinnerlichen. Manchmal sind wir dermaßen motiviert, dass wir am liebsten Bäume ausreißen und unser Leben von einem auf den anderen Tag komplett auf den Kopf stellen wollen. Hierbei kommt in den meisten Fällen die Enttäuschung bereits am nächsten Morgen. Nach einem extremen Hoch vermag uns der Geist einen Strich durch die Rechnung zu machen. Sobald wir die Augen öffnen, kommen Gedanken wie:

- *„Ach, Kacke. Heute kann mich alles und jeder am Arsch*

lecken. Ich bleibe im Bett!"

- *„Ne, ich fange nächste Woche damit an."*

Genau das ist das Problem! Wenn wir nicht genügend Vorlaufzeit haben, die uns eine mentale und psychische Vorbereitungsphase liefert, kann das rasch nach hinten losgehen. Die, wie aus dem Nichts kommende, immense Motivation hält teilweise nicht lange an. Wie alles im Leben sind Extreme selten etwas Gutes. Sobald du deinen Zettel mit dem detailliert beschriebenen Ziel vor dir liegen hast, nimm dir ruhig noch ein paar Tage Zeit, deine genaue Vorstellung auszubauen und zu überdenken. Du darfst gerne ein paar Notizen hinzufügen. Gestrichen wird jedoch nichts! Denn auch wenn der Motivationsschub enorm zum Zeitpunkt des Verfassens war, heißt das nicht, dass alles was auf diesem Blatt steht, unmöglich ist. Adrenalin, Dopamin und Endorphine schießen durch die Decke und liefern uns alles was wir benötigen, um uns selbst einen Tritt in den Hintern zu verpassen. Sobald das Level unserer Helferlein gesunken sind, schleicht sich gleich mal die Angst ein, die uns vermitteln will, dass wir es sowieso nicht schaffen und versucht uns dazu zu verführen, das Ziel zu verkleinern. Nichts da, wir schaffen das!

Natürlich hängt die Vorbereitungsphase auch von der Art des Ziels ab. Wenn es kleinere Ziele sind, können sie meist noch am selben Tag erreicht werden.

3. Planung

Sobald du dich bereit fühlst loszulegen, solltest du dir einen genauen Plan erstellen. Wie, wo und wann was zu passieren hat. Wenn du besser auf deine Ernährung achten möchtest, schreibe dir einen Essensplan. Zusätzlich auch gleich eine Einkaufsliste, wo nur die Lebensmittel draufstehen, die du für die Gerichte benötigst. Du möchtest für ein Casting vorsprechen? Auch das sollte gut vorbereitet werden. Wie viel Zeit fürs Textlernen? Wie oft die Szene proben? Ab wann möchtest du, dass dir ein Freund als Gegenüber hilft? Am besten wäre auch hier, wenn du alles per Hand schreibst. Das gibt dem ganzen mehr Realität und du beschäftigst dich auch gleich viel intensiver damit.

4. Deadlines

Dieser Punkt ist optional. Wenn du zum Beispiel für deine Hochzeit fünf Kilo abnehmen willst, hast du ja schon eine Deadline. Arbeitest du an einem Projekt, wofür du dir ganz viel Zeit nehmen möchtest, brauchst du keinen Tag X *(mehr dazu bei Punkt 6)*. Deadlines solltest du ernst nehmen, sonst hätten sie ja keinen Sinn. Eine Dead-Deadline ist auch erlaubt, aber nur in den allerschwersten Fällen. Wenn du das Rauchen aufhören möchtest und schon auf zwei Zigaretten am Tag reduziert hast, ist eine absolute Dead-Deadline sogar hilfreich. Dass die Zwei nicht gleich Null ist, wissen wir und der letzte Schritt kann eine extrem große Hürde sein. Deshalb, wenn eine Deadline oder Dead-Deadline vonnöten ist, unbedingt ernst nehmen und daran halten.

5. Wachsen lassen

Wie bei Punkt fünf ist auch dieser von der Art deines Ziels abhängig. Es heißt ja nicht, dass jedes Ziel zu einem bestimmten Zeitpunkt erreicht werden muss. Wenn man ein Mensch ist, der damit kämpft, alles immer sofort zu haben oder tun zu müssen, kann diese Art der Zielerreichung sehr lehrreich sein. Ich für meinen Teil bin ein energischer Mensch. Wenn ich z.B. eine Idee für eine YouTube-Serie habe, dann wird die innerhalb weniger Tage verfasst. Wenn es nur nach mir ginge, würden wir sofort zu drehen beginnen. Deshalb habe ich vor eineinhalb Jahren mit meinem Monologfilm angefangen und bisher vier von vierzehn Geschichten geschafft. Stresse ich mich? Habe ich eine Deadline? Nein, denn ich möchte dieses Projekt und mich selbst damit wachsen lassen.

6. Pausen

Diese lege ich regelmäßig ein. Das hilft ungemein, um mich später besser fokussieren zu können. Außerdem liefern Ablenkungen neue Impulse. Beim Betrachten der vorbeifahrenden Autos kann uns plötzlich die Lösung für ein Problem kommen. In einem Song hören wir eine Textzeile, die uns zu einem krassen Plot-Twist inspiriert. Wenn der Kopf raucht und der Körper müde wird, ist das ein Signal, welches man schleunigst richtig deuten sollte. Dann heißt es entweder Fernbedienung her, Buch aus dem Regal oder ab ins Freie. Gerade in Schreibperioden lege ich von Zeit zu Zeit auch mehrere Tage Laptop-Abstinenz ein. Warum? Weil es gut tut, ein Ziel auch mal zur Seite zu legen. Dadurch bekommen wir eine gewisse Distanz, die uns tatsächlich sehr in die Karten spielen kann. Als Autor wird man irgendwann blind für sein Geschriebenes. Wenn ein paar Tage ins Land gegangen sind, hat man den Computer im Gehirn neu gestartet, um so mit wachem Geist über die Zeilen zu fliegen. Egal, woran du gerade arbeitest oder welches Ziel du verfolgst, nimm dir bewusste Auszeiten.

7. Spontane Ideen

Diese können häufig in unseren Pausen oder vorm Schlafengehen auftreten. Deshalb ist es ratsam, immer einen Block oder sein Handy in der Nähe zu haben. Viele geniale Ideen gehen verloren, weil man sie nicht festhält. Mir ist das leider schon mehrmals passiert. Gerade wenn ich kurz vorm Eindösen bin, blitzt da etwas in meinem Kopf auf. Dann denke ich: *„Ach, das ist so genial. Das weiß, ich morgen sicher noch!"* Denkste! Alles futsch. Man ärgert sich fürchterlich und ist vielleicht traurig, weil man mit dem Song, dem Aufsatz, der Arbeit oder einem Buch fertig wäre, wenn man sich diesen genialen Gedanken aufgeschrieben hätte. **MERKE ALSO:** Immer was zum Schreiben dabeihaben.

8. Motivation

Manchmal gibt es Tage, an denen wir einfach nichts auf die Reihe kriegen. Hierbei ist es von größter Wichtigkeit, nicht zu verzweifeln oder sich zu ärgern. Wir nehmen diese Situation an und machen das Beste draus. Wir können versuchen unsere Laune zu bessern, indem wir uns mit Freunden treffen, etwas Leckeres kochen oder unseren Hobbys nachgehen. Zu späterer Stunde kann man sich ja nochmal vor den Aufsatz setzen, um zu sehen, ob die Motivation und die Ideen vorhanden sind. Wenn nicht, dann müssen wir das akzeptieren. Für mich funktioniert es mittlerweile sehr gut. *„Okay, heute geht einfach nichts. Kein Problem! Dann gönne ich mir mal einen Tag im Freibad.“* Mit Druck und Zwang funktioniert so gut wie gar nichts. Ich kann mich noch so sehr darüber ärgern, dass mein Tatendrang heute unter den Nullwert gefallen ist. Oder ich nutze die Situation und mache das Beste draus.

Natürlich gibt es auch kleine Helferlein, wenn die Motivation zwar da ist, sich aber noch nicht auf dem Level befindet, welches wir benötigen. Wie bei der Auszeit gilt hier, Inspiration suchen. Von Zeit zu Zeit habe ich sogar mehrere Tage, die mich beinahe magisch von meinem Ziel fernhalten wollen. Mir hilft es zum Beispiel, mir mal genau vor Augen zu führen, wie weit ich bisher gekommen bin. Das kann einen enormen Schub auslösen, da man vielleicht gar nicht mehr so genau im Kopf hat, wie nahe man seinem Ziel schon ist. Dieses Bewusstwerden über den gegangenen Weg kann ausreichen, um sich stark genug zu fühlen weiterzuarbeiten. Andere Motivationsquellen sind Filme, Bücher, Natur, soziale Kontakte, Freizeitspaß oder einfach mal ein ausgiebiges Nickerchen. Hilft bei mir fast immer!

9. Belohnungen

Das Erreichen unseres Ziels kann Belohnung genug sein. Dennoch fühlt es sich besonders gut an, wenn man sich zusätzlich etwas gönnt. Wie wir bereits gelernt haben, sollten wir uns diese Belohnungen nicht von anderen holen. Natürlich freut man sich, wenn uns Familie und Freunde mit Komplimenten überschütten, wenn wir zwanzig Kilo abgenommen haben. Klar, freuen wir uns, wenn das geschriebene Buch gut ankommt. Die oberste Priorität haben wir selbst. Dein Ziel war es, einen ganzen Monat lang, selbst zu kochen? Als Belohnung geht's ins Spa. Lass dich verwöhnen! Dein Ziel war es, einen Song über die Liebe zu schreiben? Ab ins Shoppingcenter und gönne dir die Jeans, die du schon lange haben wolltest. Als Belohnung sollten wir niemals Bestätigung von anderen erwarten. Es kann das Sahnehäubchen auf unserer Torte sein, aber wir dürfen keinesfalls unsere Ziele und Erfolge von unseren Mitmenschen abhängig machen. Aber das weißt du ja bereits.

Es fühlt sich unbeschreiblich toll an, Ziele für sich selbst zu erreichen. Das können große und kleine sein. Nicht bei allem ist es vonnöten, die oben angeführten Punkte anzuwenden. Irgendwann hat man es intus und weiß, wie man ohne großen Aufwand dahin kommt, wo man sein möchte. Ein Ziel muss auch nicht etwas Handfestes sein. Es könnte möglicherweise auch sein, dich nicht mehr von falschen Freunden ausnutzen zu lassen. Vielleicht liegt es dir schon lange am Herzen, gelassener mit Kritik umzugehen. Bei diesen persönlichen Entwicklungszielen ist es häufig sogar schwieriger sie zu erreichen. Hierbei ist es am allerwichtigsten sich Zeit zu lassen – nichts überstürzen. Deadlines mögen hier falsch am Platz sein. Das Leben ist ein Prozess. Nichts geht von heute auf morgen. Solange wir an uns arbeiten, stets offen für Neues sind, die Veränderung willkommen heißen, uns gerne weiterentwickeln und gut auf uns Acht geben, sind die Hürden des Alltags nur eine Herausforderung, die wir mit unseren Zielen und einer gehörigen Portion Selbstliebe meistern werden.

Im Zusatzkapitel findest du noch einen genauen Arbeitsplan zum Thema Bücher schreiben. All jene, die selbst Schreiberlinge sind, können sich hier vielleicht den einen oder anderen Tipp holen, wie sie Schreibblockaden, Nervenzusammenbrüche oder Tobsuchtsanfälle vermeiden können.

SINGLE UND FABELHAFT?

29, ledig, auf der Suche nach mir selbst

Und Boom! Da ist auch schon der Geburtstag rum und du bist 29 Jahre alt, Single und erfährst am Vorabend, dass dein Exfreund den ersten neuen Typen kennengelernt hat. Wow, war das ein Schlag ins Gesicht. Hatte ich damit gerechnet, dass es irgendwann so weit sein würde? Klar, aber ich war nicht darauf vorbereitet, dass es jetzt passieren würde. Freue ich mich für ihn, dass er weitermacht und sich auf das Jetzt konzentriert? Auf jeden Fall … irgendwie. Zugegeben, ich war eher von meiner Reaktion, als von der Tatsache, dass er ein Date hatte, überrascht. Mir ist bewusst, dass das Abschließen einer achteinhalb Jahre langen Beziehung seine Zeit braucht und ich definitiv kilometerweit davon entfernt bin, mich auf irgendetwas Neues einzulassen. War ich der Meinung, dass ich aber schon weiter als mein Ex bin? Jep, und deshalb musste ich erst mal schlucken. Obwohl auch ich mich in den letzten vier Monaten schon auf das ein oder andere spontane Geknutsche eingelassen habe, hat es sich für mich falsch angefühlt und mir bewiesen, dass ich zuerst einmal an mir selbst arbeiten muss.

Okay, fassen wir zum Ende dieses Buches zusammen. Ich bin vor wenigen Tagen 29 Jahre alt geworden – die letzten 365 Tage mit einer Zwei vorne. Und wie empfinden Sie das?

Ganz ehrlich? Ich möchte keinen Tag jünger sein. Noch nie zuvor habe ich mich so ausgeglichen gefühlt. Mit keinem Alter war ich mehr davon überzeugt, dass ich einfach ich selbst sein kann. Ohne mich von anderen zu sehr beeinflussen zu lassen oder mir Gedanken über sie zu machen. Ich lerne gerade, öfter **NEIN** zu sagen und schäme mich nicht, mich auch mal um mich selbst zu kümmern. Ich rechtfertige mich nicht sofort, wenn ich diese oder jene Entscheidung treffe und habe keine Lust mehr, mich in irgendeiner Weise zu erklären, warum und weshalb ich keine tierischen Produkte mehr esse. Ich akzeptiere, dass ich viele Dinge nicht ändern oder beeinflussen kann und versuche das Beste daraus zu machen. Wenn ich einen dieser Scheißtage habe, verkrieche ich mich und gönne meinem Körper eine Auszeit. Die Nostalgie ist mein stetiger Begleiter und ich schwelge gerne in Erinnerungen, die mir aber nicht im Wege stehen. Ich feiere meine Ziele, versuche nichts festzuhalten, was nicht in meinem Leben sein will und verabschiede negative Menschen mit einem Lächeln im Gesicht. Neid und Missgunst haben keinen Platz. Zum Fernsehen gehe ich erst, wenn ich meine eigene Show haben kann. Bis dahin muss ich mich nach niemandem außer mir selbst richten, wenn es um den Inhalt meines YouTube-Kanals geht. Ich achte auf mich und versuche meine Entscheidungen und Überzeugungen zu hinterfragen und gehe mit offenen Augen, Ohren und einem offenen Herzen durch die Welt. Ich versuche mich in mein Gegenüber hineinzuversetzen und über niemanden zu urteilen.

Ich bin und bleibe ein 90s Kid und werde niemals damit aufhören, die Spice Girls in meine Geburtstagsplaylists zu packen. An jedem einzelnen Tag möchte ich dankbar dafür sein, dass ich mein eigener Chef bin und mich immer wieder neu erfinden kann. Ich erfreue mich an allem was gut ist. Vielleicht sind es Menschen, die mir begegnen, um etwas von ihnen zu lernen. Möglicherweise sind es konstruktive Kritiken, die mir eine andere Sichtweise liefern. Vielleicht ist es eine schwere Entscheidung, die getroffen werden muss, um wachsen zu können. Es könnte auch ein Abschied sein, der anfangs wehtut, mit der Zeit aber dabei hilft, mehr zu mir selbst zu finden.

Das Leben ist ein Abenteuer. Es wäre schade, es nicht bewusst zu leben. Es wäre vergeudet, es nach den Regeln und Vorstellungen anderer zu bestreiten.

Ich sitze in diesem Augenblick in meinem Garten. Die Sonne strahlt, es ist verdammt heiß und ich atme gerade ganz tief ein. Wenn du jetzt durch den Bildschirm sehen könnest, würdest du ein zufriedenes, entspanntes und grinsendes Gesicht sehen. Vielleicht musst du auch nur einen Blick in den Spiegel werfen und siehst genau dasselbe. Nehmen wir das Leben nicht immer so ernst. Lachen wir, so oft wir können. Tanzen wir mit unseren Freunden zu den Songs unserer Jugend. Berühren wir andere, indem wir ihnen zuhören und für sie da sind. Genießen wir unsere Körper und füttern die Leidenschaft. Jeder Tag ist da, um gelebt zu werden. Es sind auch nicht immer die größten Abenteuer oder die schwierigsten Aufgaben. Manchmal sind es die kleinen Dinge, die uns bewusst machen, dass wir alles haben was wir brauchen. Menschen, die uns lieben wie wir sind. Ein Dach über dem Kopf, genug zu essen, Gesundheit und den wichtigsten Menschen, der uns tagtäglich begleitet. Uns selbst. Sei gut zu ihm!

ZUSATZKAPITEL

Mein Buchschreibplan

Meine ersten beiden Bücher habe ich ohne jegliche Vorbereitung geschrieben. Was ständig zu Schreibblockaden geführt hat. Wenn man im Flow ist, scheint alles gut zu sein. Sobald man aber nicht mehr weiter weiß, kann es passieren, dass man wochen- oder monatelang das Tippen pausiert. Gut? Nicht unbedingt! Bei "ILLYRIA – Das Erwachen" hatte ich eine Grundidee, hatte einen Plot im Kopf und wusste, wie es ausgehen muss. Alles andere kam während des Schreibens. Ich hatte im Jänner 2017 angefangen und die ersten vier Kapitel verfasst. Dann begrüßte mich schon die erste Blockade. Erst im Herbst schnappte ich mir mein Netbook und vollendete die Geschichte. Obwohl ich dann rasch wieder in die Story kam, merkten meine Korrekturleser einen krassen Unterschied. Man selbst, als auch der Schreibstil, verändert sich stetig – bei mir zumindest. Weshalb ich mich auch letztes Jahr dazu entschieden habe, Illyria aus dem Verkauf zu nehmen. Bei meinem allerersten Roman "Von Tauben und Lämmern" wusste ich erst ungefähr ab der Hälfte des Schreibens, wie das Buch überhaupt ausgehen soll. Manche Autoren schaffen mit dieser Methode Meisterwerke. Für mich ist es viel angenehmer und erfüllender mit meinem Buchplan zu schreiben. Erstens, weil ich keine Angst mehr davor haben muss, dass mir plötzlich keine Ideen mehr kommen und zweitens, weil ich damit viel genauer arbeiten kann. Du möchtest wissen, wie dieser Plan aussieht?

1. Grundidee

Zuerst brauchen wir eine Idee – ist ja selbstredend. Was für einen Roman möchte ich schreiben? Thriller, Liebesgeschichte, Fantasy oder was Erotisches? Ich bin ganz klar im Thriller-Psychothriller-Genre zuhause. Auch wenn ich das erst nach einem Jugenddrama und einem Fantasyroman erkannt habe. Auch hier gilt: *Probieren geht über Studieren.* Vielleicht ist man der Meinung, man könne besonders gute Krimis erzählen. Während des Schreibens erkennt man, dass es gar nicht so einfach ist und die Geschichte sogar von Anfang an eher nach Love-Story klingt. Keine Panik! Ursprünglich wollte ich eine Serie über die Liebe und das Leben schreiben. Nach zwanzig fertigen Seiten las ich mir alles durch und realisierte: *„Hoppla, das ist jetzt ein Auskotzen meiner Selbst geworden. Ist das ein Zeichen? Sollte ich es endlich wagen, eine Art Autobiografie zu schreiben?"*

So entstand mein Buch "LOVELAND – Von Liebe, Sex und der Kunst, man selbst zu sein". Du siehst, gerade zu Beginn des Schreibprozesses kann sich einiges ändern.

Gehen wir nun davon aus, du weißt, worum es in deinem Buch gehen soll. Am besten ist, ich erkläre alles anhand eines durchgehenden Beispiels. Nehmen wir meinen Thriller "Muttermal" zur Hand. Zu Beginn wollte ich einen Film schreiben. Da eine Schauspielkollegin und ich unbedingt mal gemeinsam vor der Kamera stehen wollten, kam mir eines Nachts die Idee, die Geschichte einer Mutter und ihres Sohnes zu erzählen. Mein Kopf explodierte beinahe und ich hatte in wenigen Stunden einen groben Plot. Die Mutter musste den Sohn nach der Geburt weggeben. Dreißig Jahre später steht sie plötzlich vor seiner Türe und will ihn kennenlernen. Ja, das ist es!

Dann dachte ich, wieso nicht zuerst ein Buch daraus machen? Natürlich weiß ich, dass Buchverfilmungen in den seltensten Fällen an das geschriebene Werk herankommen. Das sollte mir aber egal sein! Denn beides waren Ziele, die ich erreichen wollte. Es war schon lange ein Traum gewesen, einen Thriller zu schreiben, als auch mit meiner Kollegin zu spielen. Block und Stift zur Hand, auf geht's!

2. Grundidee ausarbeiten

Sobald ich weiß, worum es grob in meinem Buch gehen soll, schreibe ich mir alle Notizen auf, die mir wichtig erscheinen.

- *Mutter hatte schwere Kindheit*
- *Sohn mit sieben Jahren von Pflegefamilie adoptiert*
- *Spannungsbogen sehr langsam steigern*
- *Zeitsprünge in die Vergangenheit, um Figuren besser kennenzulernen*
- *Hauptgeschichte spielt sich in einer Hütte ab*
- *wenig typische Thrillerelemente einbauen. Der Leser soll dranbleiben, weil er wissen will, was es mit den beiden Figuren auf sich hat*

Alles was mir irgendwie zu meinem Buch einfällt, wird aufgeschrieben – per Hand! Natürlich kannst du es auch in eine Worddatei tippen. Ich persönlich mag es aber, diesen Teil der Vorbereitung handschriftlich zu erledigen. Es gibt mir einfach ein besseres Gefühl und später mehr Verbindung zu den Charakteren. Wer einen meiner bisherigen Thriller gelesen hat, dem ist bestimmt aufgefallen, dass ich auch immer gewisse Werte vermitteln möchte oder heiklere Themen anspreche, die eher als Tabu gelten. In "Und mit mir die Angst" dreht sich ein Teil des Buches um häusliche Gewalt, sowie Narzissmus und Gewalt gegen Frauen. Wie auch in diesem Buch schon mehrmals erwähnt, will ich niemandem meine Meinung aufzwingen oder lauthals durchs Internet brüllen: *„Ich hasse Thunfisch!“* Alles was ich mit meinen Werken bezwecken möchte ist, den Leserinnen und Lesern neue Perspektiven zu zeigen, aufmerksam zu machen und sie zu inspirieren. Jeder darf selbst entscheiden, ob er seinen Selbstwert weiterhin von anderen abhängig macht oder wie er zum Thema Gewalt steht. Ich bin kein Mensch, der auf Facebook seine Meinung kundtun muss, um seinen Geltungsdrang zu füttern. In sozialen Netzwerken verzichte ich darauf, meine Ansichten und Überzeugungen an die große Glocke zu hängen. Wer sich nicht dafür interessiert, der sollte auch nicht damit belästigt werden. Wenn aber jemand zu einem Buch wie diesem hier greift, dann hat er sich bewusst dafür entschieden, meine Meinung zu lesen. So und nun bin ich wieder einmal etwas abgedriftet. Wo waren wir? Ach ja, es müssen auch nicht nur Themen sein, die du in dein Buch packen möchtest.

Auch ganz spezifische Gefühle wie Angst, Trauer, Verliebtheit, Sorge oder Verlust. Alles was dir später beim Plotten helfen kann, sollte in diesem Abschnitt festgehalten werden. Sobald du eine Menge Zettel vor dir liegen hast, geht es weiter zu Schritt 3.

3. Charaktere und Figuren

Das ist mein Lieblingsabschnitt! Es macht mir unbeschreiblich viel Spaß, die Protagonisten auszuarbeiten. Bei "Muttermal" waren das eben die Mutter Christine und ihr Sohn Jonas. Für beide habe ich mir immens viel Zeit genommen, um wirklich ein detailliertes Leben zu erschaffen. Ich habe sie nicht nur mit Eigenschaften, Wünschen, Träumen, Ängsten und Sehnsüchten versehen, sondern ihnen eine Vergangenheit gegeben. Der erste Schritt war einmal ein äußeres Bild zu kreieren. Nehmen wir den Sohn Jonas als Beispiel: Er hat blaue Augen, kurze, dunkelblonde Haare, sein Modestil ist schlicht, er trägt gerne Jeans und Hemd. Sein Lieblingsessen sind Ravioli mit Butter und Salbei. Er steht fest im Leben, liebt seinen Job als Deutschlehrer, weiß sich sehr gut auszudrücken, ist gesellig, kann wahnsinnig gut kochen und kaut an seiner Lippe, wenn er nervös ist. Er entspannt gerne mit einem Glas Wein und den Korrekturarbeiten seiner Schüler. Das letzte Mal geweint hat er, als sein Hund Pongo gestorben ist. Sein bester Freund würde ihn als sehr klug, eher ruhig, aber ausgeglichen beschreiben. Sein größter Wunsch ist es eine Familie zu gründen und das schönste Erlebnis war die Adoption. Und so weiter …

Natürlich muss nicht jedes Detail, was wir uns da zur Entwicklung einer Figur ausgedacht haben, im Buch vorkommen. Ich persönlich liebe es, wenn ich mich komplett in die Menschen in meinen Büchern hineindenken kann. Ist vielleicht auch der Schauspieler in mir. Und ganz ehrlich? Als ich das Buch beendet hatte, habe ich richtig geheult!

Wenn die Protagonisten alles haben, was sie meiner Meinung nach brauchen, geht es an die Nebencharaktere. Hierbei hilft mir eine Mindmap. In der Mitte stehen die Hauptfiguren, von denen Linien zu anderen Personen führen. Je nach Größe der Figur entscheide ich, wie viel Background ich benötige. Manchmal kommen beim Schreiben auch Figuren dazu. Häufig sind das aber nur ganz kleine Auftritte, die keine tiefere Persönlichkeit verlangen.

Alle Figuren startklar? Dann kommen wir jetzt zum Plotten.

4. Plotten

Jetzt geht's an die komplette Story. Bei "Muttermal" habe ich das auch alles noch handschriftlich gemacht. Nachdem ich aber im Nachhinein noch vieles ausbessern, überarbeiten und streichen musste, war es nicht mehr sehr übersichtlich. Deshalb mache ich es jetzt am Netbook. Leeres Dokument geöffnet und einfach mal drauflos schreiben. Wie eröffne ich das Buch? Was passiert in Szene 4? Welche Figuren kommen darin vor? Jedes Kapitel sollte mit einem kleinen Cliffhanger versehen sein. Ab wann kommen die ersten Twists? Welches Kapitel erscheint dramaturgisch am besten als Showdown? So genau wie nur möglich, sollte unter jeder Kapitelüberschrift festgehalten werden, was passiert. Im Nachhinein darf gerne verbessert oder überarbeitet werden.

Ich persönlich mache nach diesen vier Punkten eine längere Pause. Einfach um mal alles wirken zu lassen und den Kopf frei zu kriegen. Nachdem ich ein- bis drei Wochen das Buch quasi rasten gelassen habe, lese ich mir alles genau durch. Zufrieden? Gut, dann sind die

Vorbereitungen abgeschlossen.

5. Das Schreiben

Bei "Muttermal" habe ich ein Kapitel am Tag, maximal zwei, wenn es kürzere waren, geschrieben. Viele Autoren achten nicht auf Kapitel, sondern auf die geschriebenen Wörter. Jeden Tag 1500 Wörter tippen – am besten morgens. In der Regel mache ich mir Wochenziele, aber auch nur auf die Kapitel bezogen und nicht auf die Wörter. In der ersten Woche bis Kapitel 4. In der zweiten bis Kapitel 7, da sechs ein längeres werden wird. In der dritten bis Kapitel 12. Wie und wann ich schreibe, mache ich von meiner Motivation abhängig, ebenso wie Pausen. Obwohl ich in der Vorbereitung sehr strukturiert arbeite, brauche ich beim Schreiben meine Freiheiten. Stress und Druck belasten mich und blockieren meinen Flow. Deshalb alles schön entspannt. In der Regel flutschen die Worte aus mir heraus. Und auch wenn ich dann mal ein, zwei Wochen wirklich eine Pause brauche, weiß ich, wo ich anknüpfen muss. Schließlich habe ich ja im Vorhinein geplottet und alles bis ins kleinste Detail geplant.

Die Rohfassung ist fertig? Gut, jetzt mal tief durchatmen und belohnen. Der größte Teil wäre geschafft. Nun nehme ich mir wieder ein paar Tage Auszeit. Nach einer gehörigen Portion Gammeln, lese ich das komplette Manuskript durch, bevor es der erste Korrekturleser bekommt. Alles tutti? Nicht vergessen, nach dem Schreiben ist vor dem Schreiben. Denn der nächste Schritt beinhaltet einen meiner Meinung nach eher langweiligen Teil. Das Überarbeiten der Korrekturen.

6. Korrektur und Werbung

In der Regel habe ich in etwa vier Korrekturleser. Bis zum ersten Velvet Cove Band habe ich meine Fehlerspione mit kleineren Kapitelbrocken gefüttert. Der erste bekam 1-5, sobald der fertig war, die nächste 1-5, währenddessen konnte Leser Nummer Eins schon 6-9 lesen. Irgendwann hatte ich so ein durcheinander, dass ich selbst nicht mehr wusste, wie und wo und wer und was. Bei meinem letzten Psychothriller "Und mit mir die Angst" überarbeitete ich diesen Prozess und bin zu dem Entschluss gekommen, dass es viel effektiver ist, das gesamte Manuskript zu senden. Zumal die Korrekturleser selbst entscheiden können, wie viel sie wann lesen wollen. Zweitens ist es viel übersichtlicher und man bleibt besser in der Story, anstatt Anfang Mai einen Teil zu bekommen, dann Mitte Juni wieder einen und so weiter.

Da ich bei "Und mit mir die Angst" sehr detailliert auf die psychologischen Hintergründe der Protagonisten einging, war es mir sehr wichtig, dass eine ausgebildete Psychologin als erste ein Auge darauf wirft. Danach überarbeitete ich ihr zurückgesendetes Dokument. Nach ihr war mein langjähriger Korrekturguru Daniel dran, der sich gezielt um die Handlung kümmert. Danach eine liebe Freundin, die für die Fehler und Satzzeichen zuständig war – Germanistikstudium macht sich hier natürlich äußerst bezahlt. Und als letztes las noch einer meiner besten Freunde, seines Zeichens Deutschlehrer, drüber. Et voilà, das letztes Mal die Korrekturen überarbeiten.

In der Zwischenzeit, wenn die fleißigen Bienchen mein Werk auf Fehler prüfen, kümmere ich mich um die Vorbereitung der Werbung. Ich überlege mir, wann ich welche Buchinformationen teile, drehe den Buchtrailer, schieße Darstellerfotos, kreiere Vorlagen für diverse Postings und informiere meine Blogger. Außerdem kontaktiere ich meinen Grafiker, der mir den Buchumschlag und das Cover gestaltet. Diese Zeit lässt sich hervorragend nutzen, um alles in Sachen Werbung und Vermarktung zu erstellen. Perfekt vorbereitet, stehen wir nun kurz vor der Veröffentlichung.

7. Vor der Veröffentlichung

Alle Korrekturleser sind fertig. Die Werbung ist durchgeplant. Das Cover sowie alle Informationen auf Amazon KDP *(Kindle Direct Publishing)* hochgeladen … dann kann es ja los gehen? Noch nicht ganz. Eine allerletzte Runde drehe ich noch. Ganz entspannt und mit ein paar Tagen Abstand lese ich das gesamte Werk noch einmal durch. Alles nach meinen Wünschen und Vorstellungen vorhanden – dann das eBook erstellen. Es liegt an dir, ob du Vorbestellungen anbieten möchtest oder nicht. Bei meinem letzten Buch habe ich diese Funktion zum ersten Mal ausprobiert und war noch nicht ganz so begeistert. Allerdings ist es so einfacher, einen fixen Tag als Veröffentlichung bekannt zu geben. Man kann dadurch viel genauer planen und auch diverse Ankündigungen gezielter machen. Nachdem es bei KDP nicht funktioniert, das VÖ-Datum bei Taschenbüchern selbst zu wählen, ist es bei dem eBook möglich, Vorbesteller anzubieten, um dadurch einen Tag X zu benennen.

Das Datum steht – in vier Wochen soll das Buch in die weite Welt hinaus. Genug Zeit um unseren Bloggern und

Bloggerinnen vorab das eBook zu schicken. Das ermöglicht unseren fleißigen Leserinnen und Lesern, am Veröffentlichungstag bereits ihre Rezensionen rauszuhauen, um zusätzlich den Verkauf voranzutreiben.

Kurz zum Bloggerteam: Ich habe bereits bei "Muttermal" angefangen sympathische Blogger anzuschreiben, die mein Genre gerne lesen. Ich war echt erstaunt, dass die Resonanz durchwegs positiv war. Nur eine ganz geringe Anzahl an unfreundlichen oder unzuverlässigen Menschen erhielt mein Buch. Ganz wenige ließen sich das gratis eBook schicken und meldeten sich danach nie wieder. Etwa 98% sind aber auf Instagram in der Bookstagram-Familie wirklich ganz, ganz liebe und außergewöhnlich freundliche und vertrauenswürdige Leute. Natürlich pickt man sich aus diesem Pool an lesebegeisterten Buchwürmern die heraus, mit denen man sich am besten versteht. Diese werden dann ins Bloggerteam eingeladen.

8. Veröffentlichung und Kritik

Das Buch ist erschienen – nun heißt es fleißig die Werbetrommel rühren. Blogger stellen ihre Rezensionen, Buchbilder und Empfehlungen rein. Werbevideos, Buchtrailer und Promobilder gehen raus und die ersten

Käufe trudeln ein. Grundsätzlich gilt auf Amazon, wenn man am ersten Tag eine tolle Summe an Verkäufen erzielt, landet man auf der Neuheitenliste. Das führt zu mehr Sichtbarkeit und kurbelt zusätzlich den Verkauf an. Bei "Muttermal" hatte ich echt einen perfekten Tag erwischt. Damals zwar noch ohne Vorbestellung und somit auch ohne fixes Datum, trotzdem schlugen viele Leserinnen und Leser in den ersten 24 Stunden zu. Weshalb ich mehr als positiv überrascht war. "Muttermal" ist bisher mein erfolgreichstes Buch. "Und mit mir die Dunkelheit" hatte es da schon ein bisschen schwerer. Vielleicht lag es an dem krassen Cover, womöglich an der satanischen Thematik oder einfach daran, dass ich es am selben Tag wie Fitzek veröffentlichte. Ärgere ich mich deshalb? Bin ich enttäuscht, weil es sich nicht ganz so gut verkauft hat, wie mein erster Thriller? Nein.

Ich schreibe nicht, weil ich damit eine Menge Kohle scheffeln oder auf der Bestseller-Liste landen will. Wenn es geschieht, freue ich mich dafür umso mehr. Wie ich in einem vorigen Kapitel schon erwähnt habe, sollten wir unsere Ziele nicht von anderen abhängig machen. Mein Ziel, dieses Buch zu schreiben und zu veröffentlichen, habe ich ja somit schon erreicht. Alles andere wäre ein

Sahnehäubchen. Ich meine es ernst, wenn ich sage, dass mir bei jeder positiven Rezension das Herz übergeht. Es ist so wunderschön, wenn jemandem meine Bücher gefallen. Und wenn nicht, dann eben nicht. Davon lasse ich mich nicht unterkriegen. Tut es kurz ein bisschen weh? Ja, wäre gelogen, wenn ich sagen würde, es tangiert mich gar nicht. Einen kurzen Seufzer darf man von sich geben, aber mehr auch nicht. Ärgern bringt nichts! Man kann die Meinungen der andren sowieso nicht ändern und sollte das auch nicht wollen. Es muss einem von Anfang an klar sein, dass nicht jeder Leser, jede Leserin ein Fan von unserem Werk sein kann. Wie auch wir selbst nicht alles super finden. Konzentrieren wir uns auf das Positive, haben wir umso mehr Freude und unsere Nerven und unser Herz wird es uns danken.

Noch ein kurzes Wort zum Thema Kritik. Auch wenn sie mal negativ ausfällt, aber dennoch konstruktiv ist, kann man daraus lernen. Teilweise fällt uns selbst manches nicht auf, worauf uns eine Leserin, ein Leser aufmerksam macht. Nutzen wir diesen Input und machen daraus etwas Gutes. Leider sind wir nirgends vor den Neidern gefeit. Diese schreiben zum Beispiel in ihren Amazon-Bewertungen: *„Dieses Buch ist scheiße. Kauft es bloß nicht!“* Solche

Bewertungen und Aussagen nehme ich gar nicht ernst. Da denke ich bloß: *„Aha. Das ist einer von den sogenannten Social-Medias, die ihren eigenen Frust an mir auslassen. Na ja, wenn es ihnen danach besser geht. Freut mich, dass ich helfen konnte!“*

Hast du jetzt richtig Bock dein Buch weiterzuschreiben? Oder gar dein erstes zu verfassen? Ich hoffe, ich konnte dir ein paar Tipps und Inspirationen liefern. Gerne kannst du mich auf Instagram *(@danielleitnerautor)* kontaktieren, falls du Fragen haben solltest.

Und nun wünsche ich dir, lieber Leser, liebe Leserin, gutes Gelingen und viel Erfolg mit deinem Werk.

DANKSAGUNG

Liebe Leserin, lieber Leser! Ich kann kaum in Worte fassen, wie viel es mir bedeutet, dass du mein Buch gelesen hast. Natürlich erfüllt es einen Autor immer, wenn seine Bücher gelesen werden, aber bei solch einem speziellen Werk, fühlt es sich noch schöner an. Es ist meine Geschichte und diese durfte ich mit dir teilen. Deshalb möchte ich DANKE sagen und ich hoffe, du konntest für dich etwas mitnehmen. Wenn dir mein Buch gefallen hat, wäre ich dir sehr dankbar, wenn du mir eine Bewertung auf Amazon hinterlassen würdest. Jede noch so kurze Meinung ist eine Bereicherung und hilft mir als Autor, immer besser zu werden … und mein Herz lässt es natürlich auch höher schlagen.

Ein ganz ganz großes Dankeschön möchte ich auch meinen Korrekturleserinnen Vanessa, Julia, Verena und Sarah aussprechen. Ihr habt mich bestärkt, mir oftmals die Augen geöffnet und mir eure Zeit gewidmet. Danke!

Ronny, was bleibt da noch zu sagen, außer DANKE, dass du seit Jahren die schönsten Cover entwirfst, mich verstehst und geduldig meine Nörgeleien erträgst. Ich danke dir von ganzem Herzen, dass ich dich als meinen Grafiker habe.

Und last but not least … ein Dankeschön an den wichtigsten Menschen an meiner Seite. Obwohl wir laut Buch gerade getrennte Wege gehen, sieht die Realität Gott sei Dank wieder anders aus. Ich könnte mir keinen anderen Menschen an meiner Seite vorstellen. Ohne dich wäre ich nicht der Mensch, der ich heute bin. Es ist fast unmöglich dir zu sagen und vor allem zu zeigen, was du mir bedeutest. Seit über neun Jahren bist du meine Stütze, mein Fels, mein Anker, meine Liebe und mein Zuhause. Ich liebe dich, Marcel!

ÜBER MICH

Mein Name ist Daniel Leitner und ich lebe in Oberösterreich. Mit dem Schreiben habe ich bereits in jungen Jahren begonnen. Anfangs waren es Horror-Kurzgeschichten – bis ich 2013 meinen allerersten Roman „Von Tauben und Lämmern" veröffentlichte. Seit über zehn Jahren leite ich meinen Musicalverein „MuVe", bei dem ich Drehbücher schreibe, Regie führe und meist selbst als Sänger, Tänzer und Schauspieler auf der Bühne stehe. Seit November 2018 bin ich Künstler bei „ProntoPronto – Die Kellnersensation aus Österreich". Auf meinen Youtube-Kanal „UNITED COLORS OF DANIEL" lade ich regelmäßig Cover-Songs, Musikvideos, Serien und Kurzfilme sowie Videos zu persönlichen Themen hoch.

Auf *Youtube* finden Sie mich unter:

UNITED COLORS OF DANIEL

Auf *Instagram* unter:

danielleitnerautor

united_colors_of_daniel

WEITERE WERKE DES AUTORS

„UND MIT MIR DIE ANGST“

Velvet Cove Band 2

Der Mörder wohnt nebenan.

Die Hinterbliebenen schweigen!

Vor beinahe dreißig Jahren verschwand Pfarrer Eden auf unerklärliche Weise. Nun stößt die Journalistin Lana Conroy zufällig auf einen Zeitungsbericht und begibt sich auf die Suche nach Hinweisen. Dass sie damit die Aufmerksamkeit des Killers auf sich zieht, wird ihr erst bewusst, als es längst zu spät ist.

Ein Höllentrip in die Psyche einer verängstigten Zeugin, die Gedanken eines Wahnsinnigen und einen ungelösten Fall, dessen dunkle Geheimnisse tief vergraben liegen. **Wer traut sich zurück nach Velvet Cove?**

„Ich habe ihm ganz offensichtlich den Schädel zertrümmert. War ich zu brutal?“

„UND MIT MIR DIE DUNKELHEIT“

Velvet Cove Band 1

Sie wollen den Menschen die Heuchelei austreiben. Ihr Auftraggeber: der Teufel selbst.

Die sechzehnjährige Winter wird von zwei Maskierten aus dem Schlaf gerissen und gewaltsam ins Wohnzimmer gezerrt. Dort muss sie feststellen, dass ihre Familie Opfer einer teuflischen Sekte wurde. Gefesselt und umringt von weiteren schwarzen Gestalten wird Winter klar, dass hinter diesem Überfall ein mörderischer Plan steckt.

Ein blutroter Albtraum aus Lügen, dunklen Geheimnissen und einem gefährlichen Fehler, der allen Anwesenden den Tod bringen könnte. Wer überlebt diese Teufelsnacht?

„Wir werden nicht länger zusehen und hoffen, dass sich die Welt verändert. Heute Nacht werden wir die Veränderung selbst herbeiführen.“

„MUTTERMAL“

Thriller

Von seinen leiblichen Eltern weiß der dreißigjährige Deutschlehrer Jonas kaum etwas. Das ändert sich jedoch schlagartig, als seine vermeintliche Mutter plötzlich vor seiner Wohnungstüre auftaucht.

Jonas willigt ein, ein Wochenende mit ihr in einer Hütte im Wald zu verbringen, um all seine Fragen endlich beantwortet zu bekommen. Das Familienglück scheint perfekt – doch während seine leibliche Mutter immer mehr von ihrem Leben preisgibt, bemerkt Jonas Widersprüche und stellt sich die Frage: Wer ist diese Frau wirklich und welches Geheimnis verbirgt sie?

Abgeschottet von der Außenwelt beginnt ein Katz- und Mausspiel, in dem nichts so ist, wie es zunächst scheint.

„LOVELAND – Von Liebe, Sex und der Kunst, man selbst zu sein“

Jugendbuch, Autobiografie, Satire

Ein Junge, der singt!
Ein Junge, der gerne auffällt!
Ein Junge, der bevorzugt Männer liebt!

Schon in jungen Jahren wurde Daniel Leitner mit Vorurteilen, Mobbing und Schubladendenken konfrontiert. Mit diesem Buch möchte er allen Mut machen und anhand seiner sowohl positiven als auch negativen Erfahrungen zeigen, dass es nicht immer einfach ist, kompromisslos zu sich selbst zu stehen!

Mit viel Humor, gnadenloser Ehrlichkeit und einer Prise (Selbst-)Ironie erzählt Daniel, wie er zu dem Menschen geworden ist, der er immer sein sollte – er selbst.

LOVELAND – ein Buch über Akzeptanz, Menschsein und Liebe in allen Formen und Farben!

WENN GEDANKEN WORTE WÄREN PLAYLIST

Eine kleine musikalische Sammlung zusammengefasst für dieses Werk. Kann gerne vor, während oder nach dem Lesen dieses Buches gehört werden

TIME WILL TELL – Blood Orange
MY ATTIC – P!nk
MELANCHOLY HILL – Gorillaz
WANDERN – Nena
SHINE – Years and Years
ANYWHERE AWAY FROM HERE – Rag'n'Bone Man
MAYBE IT'S TIME – Bradley Cooper
BREAK THE CYCLE - You+Me
ALLES NEU – Nena
BARBIES – P!nk
EVERYBODY'S FREE – Lauren Evans with Robert Koch
HALB SO ICH – Yaenniver
FROM A CLOSET IT NORMAY – You+Me
SILVER SPRINGS – Fleetwood Mac
UNDERDOG – Alecia Keys
I AM HERE – Daniel.

HERZSCHMERZ PLAYLIST

Perfekt für einen Scheisstag oder um den Tränenhaushalt mal wieder richtig zu entleeren

THINK TWICE – Celine Dion
DON'T FORGET ME – Smash
AN ANGEL – The Kelly Family
LOVELY – Khalid feat. Billie Eilish
ONLY TIME – Enya
A MILLION REASONS – Lady Gaga
HEAVEN 9/11 TRIBUTE – DJ Sammy
BUT WE LOST – P!nk
GOODBYE – Spice Girls
WHEN WE WERE YOUNG - Adele
I'LL NEVER LOVE AGAIN – Lady Gaga
NO ORDINARY LOVE – You+Me
NEVER ENOUGH – The Greatest Showman
SAY SOMETHING – Great big world feat. Christina
TURN BACK TIME – Aqua
I WAS HERE - Beyoncé
I LOOK TO YOU – Whitney Houston
COLORBLIND – Counting Crows
WILD HEARTS CANT BE BROKEN – P!nk

90s PLAYLIST

Und hier noch eine kleine Zusammenstellung für alle 90s Kids die gerne durch die Zeit reisen

NEVER EVER – All Saints
DOCTOR JONES – Aqua
AS LONG AS YOU LOVE ME – Backstreet Boys
BORN TO MAKE YOU HAPPY – Britney Spears
COME ON OVER – Christina Aguilera
I LOVE YOU ALWAYS FOREVER – Donna Lewis
TOGETHER AGAIN – Janet Jackson
IF YOU HAD MY LOVE – Jennifer Lopez
ITS LIKE THAT – Run DMC
STOP – Spice Girls
I WANNA BE THE ONLY ONE - Eternal
THAT DONT IMPRESS ME MUCH – Shania Twain
WE'RE GOING TO IBIZA – VengaBoys
STEP BY STEP – Whitney Houston
LIFE IS A FLOWER – Ace of Base
FAIRGROUND – Simply Red
SATURDAY NIGHT – Whigfield
KING OF MY CASTLE – Wamdue Project
DA YA THINK I'M SEXY - N-Trance
NEVER BE THE SAME AGAIN – Melanie C
THAT'S THE WAY IT IS – Celine Dion
UNDER THE MANGO TREE – Tim Tim

2000s PLAYLIST

Da jedes 90s Kids die Musik der frühen 2000er auch gefeiert hat, dachte ich, muss ich da auch noch eine kleine Playlist zusammenstellen.

ABSOLUTELY EVERYBODY – Vanessa Amorosi
WAITING FOR TONIGHT – Jennifer Lopez
GROOVEJET - Spiller
I'M OUTTA LOVE – Anastacia
CRYING AT THE DISCOTEQUE – Alcazar
GET OVER YOU – Sophie Ellis Bextor
DANCE WITH ME – Debelah Morgan
HIGH – Lighthouse Family
BOOTYLICIOUS – Destinys Child
GO BACK – Jeanette Biedermann
RESPECT - Spike
BEAUTIFUL STRANGER – Madonna
OVERPROTECTED – Britney Spears
MY HEART GOES BOOM – French Affair
LOVE AT FIRST SIGHT – Kylie Minogue
DAYLIGHT IN YOUR EYES – No Angels
WHY OH WHY – ATC
DON'T STOP MOVING – SClub 7
LA PASSION – Gigi D'Agostino
PURE SHORES – All Saints
WHOLE AGAIN – Atomic Kitten